それでも
今の居場所で
いいですか？

蓮村俊彰

TOSHIAKI HASUMURA

すばる舎

はじめに

幸福な国に住む不幸な私たち

突然ですが、あなたの人生は順調でしょうか？

日々が充実し、幸せに満ちあふれた生活を送れているでしょうか？　もし万事がOKという方は、その幸福が誰のおかげで得られているのか、あまり気にならないでしょう。

うまくいっているのなら、理由はなんだって良いのです。

しかし、この本を手に取られたからには、多少なりとも、自分の人生や日々の生活、将来に対しての疑問や不安を感じているのではないでしょうか？

「自分の人生、あんまりうまくいってないな」「これからうまくいくか不安だな」――。

こんな感覚を心のどこかで覚えているのだと思います。

「うまくいっていない」というのは抽象的過ぎるので、言葉を変えます。

・何もかもうまくいく気がしない、生きづらい
・このままで良いとは思えず、焦ってしまう
・なんだか寂しい、仲間外れになっている
・どうせ自分なんて、という考えが消えない
・何をしても張り合いがない、満ち足りない
・いつもこれじゃない、なんか違うと感じる

いかがでしょうか？
思い当たる節があるのではないでしょうか？

私は仕事柄、老若男女問わずいろいろな世代の方とお会いします。
日々感じるのは、年々、**自身の将来に多くを望まない日本人が増えてきた**ということです。一昔前、何事にも必要最低限しか求めない「さとり世代」という言葉がありました。現代の日本は〝一億総さとり世代〟になりつつあるかもしれません。

たしかに、増税に次ぐ増税、増え続ける社会保障負担、止まらない物価上昇、増えない給与、超少子高齢化による国力衰退など、私たちの不安・不満を挙げればキリがありません。

しかし、かつてバックパッカーとして世界40ヵ国以上を旅した経験からいえることは、日本は世界有数の住みよい国だということです。

例外はあれど、どこも安全で、清潔で、ご飯は美味く、秩序ある隣人に恵まれ、インフラも人権も整備された、極めて寿命が長い（死亡率の低い）、いうなれば理想郷です。

それではなぜ、私たちはこんなにも満ち足りないのでしょうか。

私たちの「本当の幸せ」はどこにあるのでしょうか？

幸福な国に住む不幸な私たちが、幸せになり切れていない理由に切り込み、「本当の幸せ」を手に入れる——それが本書のテーマです。

あなたの人生は「あなた以外」で9割決まる

私たちは幸せになるために、あるいは不幸にならないために、実に様々な努力をします。

多くの人がいつかは経験する受験勉強や就職活動、より良い生活や安定を求めての資格勉強や転職活動。

人間関係においては友達付き合い、親戚付き合い、ご近所付き合い、職場の人付き合い。さらには幸せな出会いを求めての自分磨き、恋活、婚活、趣味活、異業種交流、果ては自己啓発、自己研鑽、自分探し、起業、副業……。

この本を手に取られた方も、自身をより幸せにするために、様々な取り組みをされてきたことと思います。しかし、未だに報われず、先に挙げたようないろいろな不安感から逃れられていないのではないでしょうか。

どうしてそんなことが起きるのかというと、あなたが**「自分の人生で起きる様々な**

出来事は、自分のせい」だと思い込んでいるからです。

これまで私たちは、なんでもかんでも「**他人のせいにするな**」とか「**自分に起きたことの責任は自分でとれ**」などと親や教師、上司や先輩に言われて育ってきました。

だから、何かあるとすぐに「自分はどこで間違ったのだろう」と考えがちです。

しかし、これらは**まったくの間違い**なのです。

勉強ができる・できない、たくさんの給料をもらえる・もらえない、多くの財産を持っている・持っていない、素敵な恋人との出会いがある・ない、容姿が良い・悪い、友達がいる・いない……これら**すべて、ほぼ「あなた以外」が決めています。**

といっても、これは誰の子どもとして生まれたかで人生が決まる、いわゆる〝親ガチャ〟を含めた「運」の話ではありません。

とても大切なことなので、もう一度言います。

あなたが人生について感じていることすべては、ほぼ「あなた以外」が決めています。

この考え方からすべてが始まります。

ご安心ください。なぜそう言い切れるのか、詳しくは本書でご説明します。

ともかく、お行儀の良い自己責任論はゴミ箱に放り込みましょう。

すべてを決めている「あなた界隈」

では、「あなた以外」の中身とはなんなのか？

それは、「あなたを取り巻いている、誰とは言えない周りの人たちと、それらが存在している空間」です。あなたが親兄弟姉妹やパートナーとつくる家庭という空間や、教師・同級生や上司・同僚とつくる学校や職場といった空間を思い浮かべてもらえればよいでしょう。

〝居場所〟と言い換えてもいいかもしれません。

本書では、これらを「**あなた界隈（かいわい）**」と呼びます。

「界隈」のわかりやすい例は、「原宿界隈」「丸ノ内界隈」といった土地に関わるものです。もともとは、土地やエリアにひもづく言葉ですが、今ではバーチャル空間や趣味趣向を共にするグループを指すことも多くなりました。「Twitter界隈」「TikTok界隈」「アイドルオタク界隈」などです。

さらに広がって「〇〇さん界隈」と、特定の人の周りを指す場合があります。「その件なら佐藤さん界隈に聞けばわかるよ」「田中さん界隈はいつも賑やかだね」などです。

そして、あなた自身も例外なく、今まで意識したことはないでしょうが、「**あなた界隈**」を知らずしらずのうちに身にまとって生きています。

少しずつ見えてきましたでしょうか。

実はこの「あなた界隈」は、生きるうえで極めて重要なものです。

これは、あなた自身が選び取ってきたと思い込んでいる生き方、つまり価値観・人生観・幸福観といった「物差し」に絶大な影響を与えています。

そして、「あなた界隈」が良しとする「幸せな人生」と、今のあなた自身の生活との間にギャップがあるとき、あなたは〝不幸〟となります。そう、はじめに挙げたような、様々な負の感情が湧き立ち、それにさいなまれることになります。

だとすれば、どうすれば良いのでしょうか？

幸い**「あなた界隈」は変えることができます。**存在を認識し、乗りこなし、またはつくり変えることによって、あなたの理想と現実とのギャップをなくすことが可能です。

そして、その具体的な方法を紹介し、「本当の幸せ」を手に入れるための方法を伝授するのが、本書なのです。

未来を好転させるヒント 01

あなたの人生を決めているのは「あなた以外＝あなた界隈」。
そして、それはつくり変えることができる。

それでも今の居場所でいいですか？　―目次―

はじめに　2
・幸福な国に住む不幸な私たち
・あなたの人生は「あなた以外」で9割決まる
・すべてを決めている「あなた界隈」

第1章　あなたの幸せは「あなた以外」が決める

人が幸せを感じる「仕組み」　22

・「幸せの器」が幸福をもたらす
・器の形や大きさは人それぞれ
・器は「あなた界隈」がつくっている

「あなた界隈」が幸せの器をつくるワケ 26
・人は誰しもそれぞれの界隈を持つ
・なぜ夫婦はだんだん似てくるのか?
・界隈の「同調圧力」

人の数だけ界隈がある 32
・「地域」や「空間」にも生まれる
・界隈は捉え方次第
・付き合い方も千差万別

「本当の幸せの器」をつくるただひとつの方法 36
・「本当の幸い」抽出サイクル

第2章

在り方・生き方も「あなた以外」で決まる

「自分のせい」と思ったら負け 39
・「自己責任論」が幅を利かせる国
・人は失敗ばかり記憶に刻む
・人生はだいたい他人のせい

お金さえあれば幸せか？ 48
・環境が金銭感覚をつくる
・「無料の情報」はだいたい広告
・「キラキラ」感の前では立ち止まる

お金の価値はあいまいなもの 53
・地球規模で「年収格差」を見てみる
・暮らしに不満を感じるメカニズム
モテ・非モテも「あなた以外」で決まる 57
・シンプルだった小学校時代
・「モテ」の基準が変わるタイミング
・はたして小野小町は美人か
・「結婚観」も環境次第
億万長者と漁師はどちらが幸せか? 64
・メキシコのとある田舎町にて

第3章

本当の幸せを見つける「界隈デザイン」

理想の人生に近づくために 70
・ゴールの前に待つ「2つの罠」
・罠にはまらないために
罠その①「自分探しの罠」 75
・40ヵ国を放浪するも……
・見つからなかった自分
罠その②「手段の目的化の罠」 78
・画家を目指し、いざ芸大受験!

・逆転した目的と手段
・気づけば原点ははるか彼方

界隈をデザインしてコントロールする 83
・「界隈マトリクス」で区分け
・今さえ良ければ良い界隈？
・飛び出すことも選択肢

2つの「今に悪い界隈」 88
・痛みなくして成長なし
・ピンチのなかにチャンスあり
・最低の界隈に見られる「ある特徴」

希少な「今にも将来にも良い界隈」 94
・めったに見つからない最後のひとマス
・「楽しんで学ぶ」のが最強

4つの界隈を組み合わせる 98

- ポートフォリオ・マネジメントとは
- キャンパスライフで考えてみる
- 将来性も考えて組み合わせを編集

「心のシェア」で界隈を整理する 105

- 「限りある時間」のマネジメント法
- シェアを見れば心の危うさも見える
- 大きな負荷が気にならない人ほど要注意

界隈の持つ個性「界隈性」を考える 113

- あなたは「どう生きたい」か?
- 服を選ぶように界隈を選ぶ
- 見事に着替えた「あかもん」くん

参加が難しい「レア界隈」攻略法　122
・参加チケットが必要なケース
・見極めが難しい「ニセモノ界隈」
・「高級・低級」の区別はない

レベルが高過ぎるのも考えもの　129
・水準が高いと何が起きる？
・自信を「計画的に」育てる

ポジションに自覚的になる　134
・自己肯定感を与えるポジション
・イスはたいていひとつしかない

界隈における4種類の「イス」　139
・集団に序列が生まれるのは必然

・主役になれる「メイン界隈」を持とう
・時代はカテドラルからバザールへ

第4章
転機のない人生はだいたい不幸

界隈の転機は人生の転機 148
・ドラマのような事件
・ブロイラーのような日々
・「俺は将来、宇宙飛行士になる」
・淀んだ水はやがて腐る

お金を生む場所・使う場所 156
・お金持ちが集まる界隈がある?

・合理的だった「港区女子」

ビジネス界隈にあるハワイと北極 160
・どの界隈でお金を稼ぐか？
・ミクロはマクロに勝てない

ナンバー1よりオンリー1を目指す 164
・競争せずにハワイ企業へ
・「楽しんでオンリー1」が最高の道

界隈性の連鎖は断ち切ろう 168
・2つのルートのイイトコどり
・イイトコどりした日本という奇跡
・かみ合わない日本の現状と界隈性
・幸せの器をアップデートせよ

最終章 それでも今の居場所でいいですか？

「人工の天国」がたどった驚きの末路 178
・すべてが揃った〝宇宙〟
・ネズミの国のベビーブーム
・滅亡へのカウントダウン

自分の周りが「宇宙のすべて」ではない 185
・カルフーン博士の結論
・脱出できない界隈なんてない

おわりに 190

第1章

あなたの幸せは「あなた以外」が決める

人が幸せを感じる「仕組み」

「幸せの器」が幸福をもたらす

「幸せ」を科学的に説明するなら、幸せを感じさせる脳内物質が頭蓋骨の中でドバドバ分泌されている状態を指すのでしょう。法律で禁止されている、いわゆる違法薬物の類いは、それと似た働きをすることで使った人に幸福の絶頂と依存をもたらすものです。

他にも古今東西の哲学者や文学者が、様々な考えを示しています。

しかし、本書ではそれらには触れず、簡単かつ実用的に「幸せ」を定義したいと思います。

「幸せ」とは、**その人の「幸せの器」が、日々の生活から得られる実感によって、いっぱいになっているかどうか**、その程度によって決まる、というものです。

器の形や大きさは人それぞれ

この「幸せの器」は、**その人が持つ潜在意識や無意識が求める理想の生活、人生の姿を器に例えたもの**です。それが日々の体験によって満たされているかどうかが、幸せか否かを左右します。器の形は人によって違います。

激辛料理を好んで食べる人もいれば、食べることが罰ゲームにしかならない人がいるように、何に幸せを感じるかは人それぞれなのです。

また、大きさも人の数だけ違います。お金を貯めることによって幸せを感じる人はたくさんいますが、満足する額は千差万別です。

器は「あなた界隈」がつくっている

そして、この「幸せの器」、やっかいなことに**自分で形を決めたり、大きさをいじったりすることはできません。**

想像してみてください。

「インドア派だったけど、明日からソロキャンプを生きがいにしよう！」

「年収600万円は欲しかったけど、やっぱり300万円で満足しようっと」

こんなふうに切り替えられる人はいません。

もし自由にこの器をつくり変えられるのなら、世の中から生きづらさや寂しさ、人生に対する違和感はなくなっているでしょう。私がこの本を書く必要もありません。

ではいったい誰が、あなたの「幸せの器」をつくっているのか？

それが前述した「あなたを取り巻いている、誰とは言えない周りの人たちと、それらが存在している空間」。つまり「**あなた界隈**」です。この存在を自覚し、ここへアプローチしない限り、不幸に対する処方箋は見つかりません。

次項からは、なぜそう言い切れるのかを説明していきます。

未来を好転させるヒント 02

幸せは「幸せの器」が満たされているかで決まる。器の形や大きさを決めるのは「あなた界隈」である。

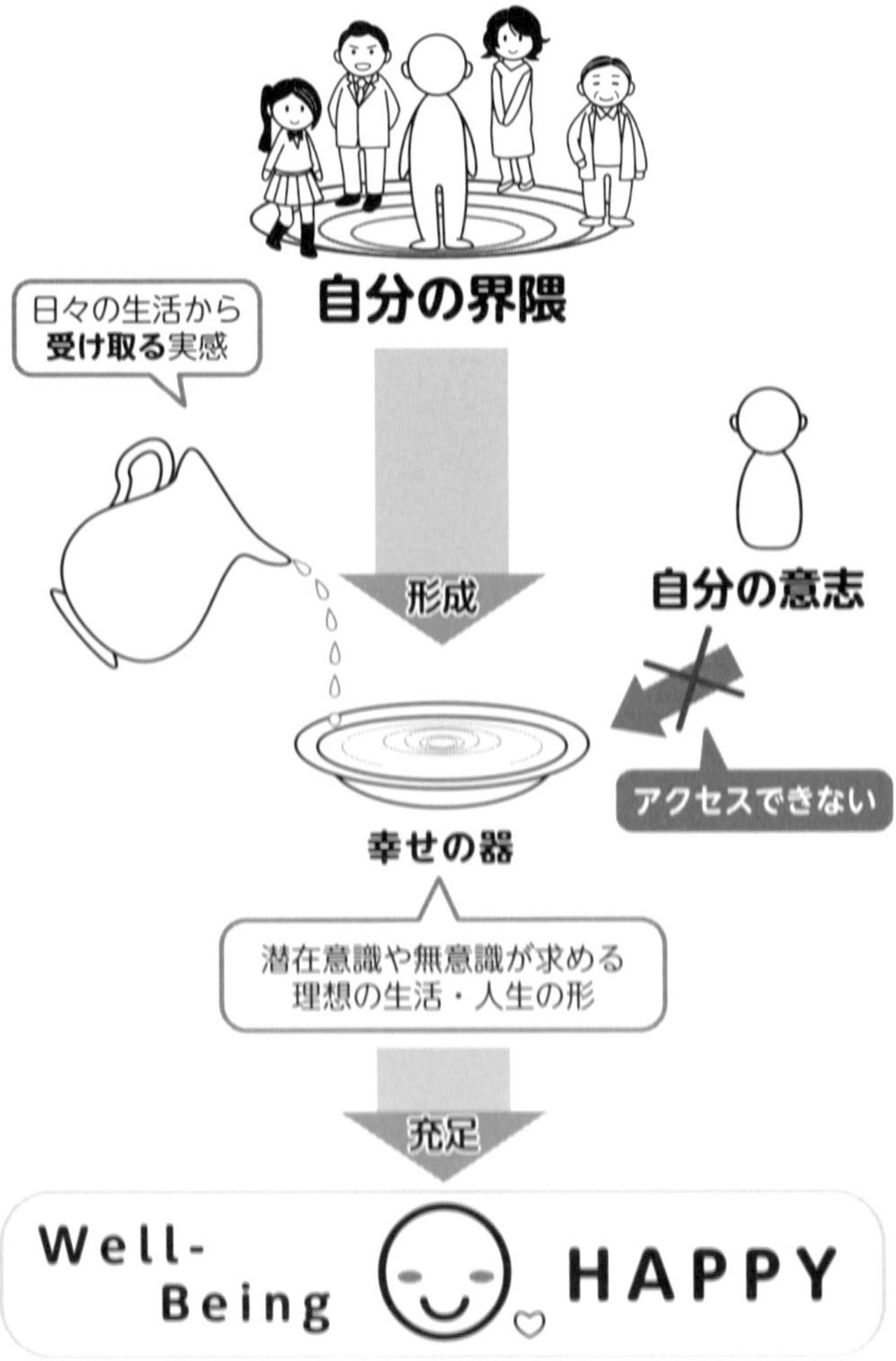
自分の界隈
日々の生活から
受け取る実感
形成
自分の意志
アクセスできない
幸せの器
潜在意識や無意識が求める
理想の生活・人生の形
充足
Well-
Being
HAPPY

「あなた界隈」が幸せの器をつくるワケ

人は誰しもそれぞれの界隈を持つ

「あなた界隈」が「幸せの器」をつくる、と言いましたが、なにも周りの人々が示し合わせてあなたの人生について話し合っているわけではありません。

周りの人々は**無自覚にあなたの界隈の一員**となっていて、またあなたも、周りの人々を取り巻く界隈のひとりです。あなたの周りにある界隈はひとつではなく、数多くの界隈が折り重なって「あなた界隈」を形作っています。

例えば、親兄弟姉妹やパートナーとは「家庭」というわかりやすい界隈を形成していますし、親友や恩師ともそれぞれ界隈を形づくっています。これらはあなたに対する影響力が強い、わかりやすい例です。しかし、なかにはあなたは顔も見たことがないけれど、知らずしらずのうちに同じ界隈を構成している他人もいます。

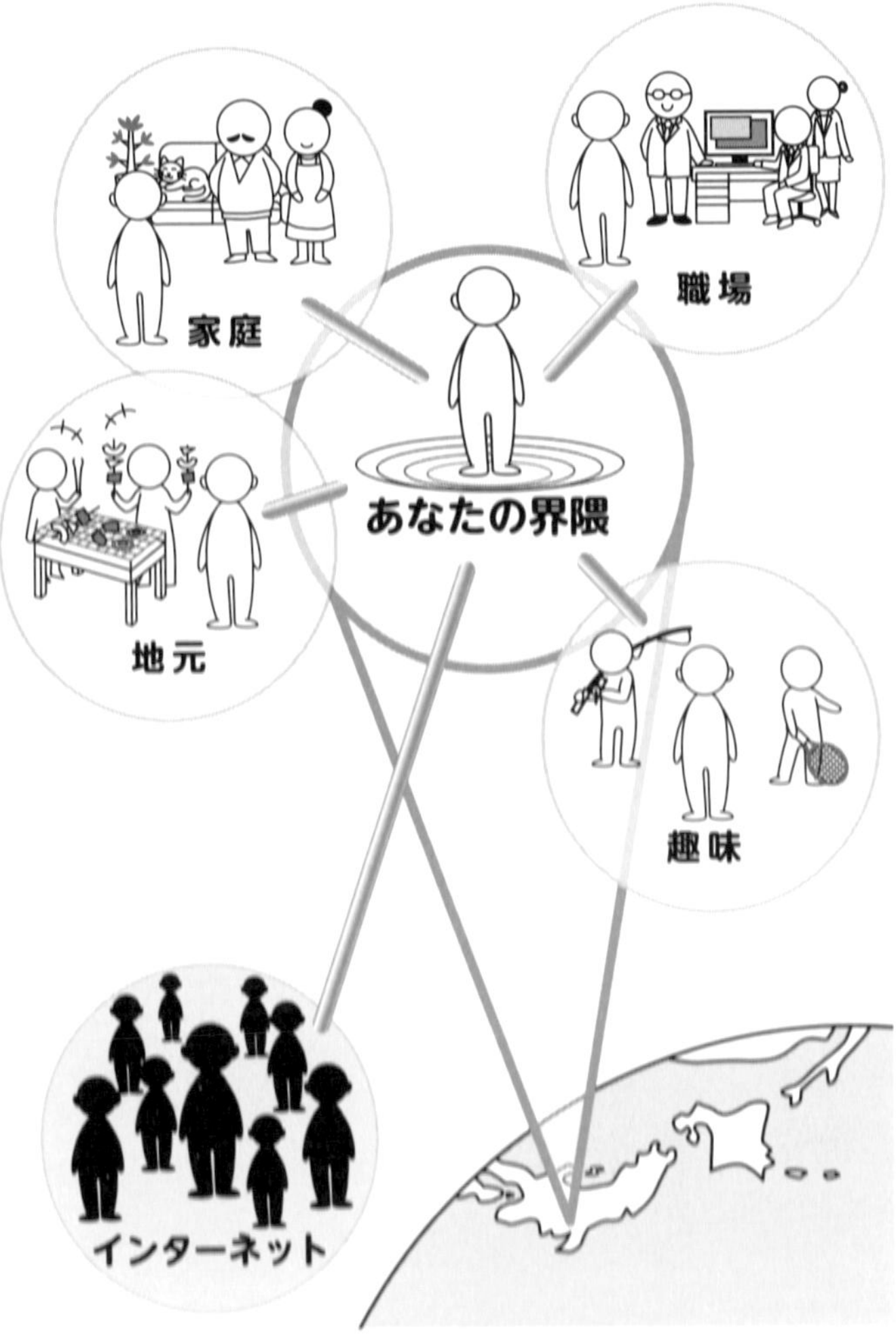
家庭
職場
地元
あなたの界隈
趣味
インターネット

なぜ夫婦はだんだん似てくるのか？

なぜ界隈があなたにそれほどの影響を与えるのか、説明していきましょう。

一言でいえば、**界隈を一緒に構成している人同士は、自然と似通っていく**からです。もしくは初めから似たもの同士が界隈を構成しやすいとも言えます。

人が2人いれば界隈は成立しますから、「夫婦」という最小単位の界隈を例に挙げてみましょう。

皆さんの親戚や、ご近所の老夫婦を思い浮かべてもらえればわかりやすいのですが、四六時中一緒にいて、同じようなものを食べたり、見聞きしたりしている夫婦は時とともに同じような価値観・性格だけではなく体形まで似通ってきませんか？

例えば、私は少々太っている（身長190センチ、体重100キロ）のですが、妻からはよく「お前と生活してると自分も太るから、さっさと痩せろ」と、10年以上にわたりお叱りを受けています。実際、結婚後、妻（身長160センチ程度）の食べる量は私に釣られて明らかに増えました。

夫婦が離婚するときの理由として多いのは「価値観や性格の不一致」だそうです。結婚後は2人の人間の間で価値観・性格のすり合わせが起きますが、それに失敗したとき、「夫婦という界隈」は破綻するわけです。

逆にいえば、**界隈を続けるためには、価値観・性格（キャラクター）のある程度のすり合わせは不可欠**です。

そして、価値観・性格はすなわち「幸せの器」にも直結します。界隈があなたの「幸せの器」を形づくっていることが少し理解してもらえたと思います。

界隈の「同調圧力」

「2人」という最小単位の界隈を例にとりましたが、もっと範囲を広げてみましょう。

例えば**学校や職場**。

これらは夫婦とは違い、「卒業資格が欲しいから」「給料をもらわないと生きていけないから」「たまたま家が近いから」など、必ずしもポジティブな理由で入るとは限りません。

転校や転職などで自分が新参者としてすでに存在する界隈に入ったときには、**何とも言えない独特の空気、雰囲気**を感じることがあります。

これが心地よければ、なんの問題もないのですが、界隈の価値観と自分のそれが一致せず、違和感・不協和音が生じたときには注意が必要です。

人は誰しも人間関係から生まれるストレスを軽くしようと、**意識的ないし無意識に努力**します。新しい職場や学校、新天地の人たちが好んでいる趣味を試してみたり、生活スタイルを合わせてみたり……。

やがて違和感がなくなってくると、いわゆる〝馴染んだ〟状態になるわけです。

何が起きたかというと、**あなたの「幸せの器」の形が変わった**ということです。

あなたは界隈からストレスを受けないために、生活スタイルや趣味を変えたのです。

これが難しい言葉で言えば、「**同調圧力**」や「**同質化現象**」と呼ばれる、界隈の影響力のひとつです。

ちなみに、周囲の界隈から同調圧力を受けたときは、同化した方が楽です。しかし人によっては反発し、もともとの性質を一層強化する場合があります。

反骨心旺盛な人や「自分の芯を持った人」などと表現される人たちがそれです。

このように界隈からの同調圧力への反応は様々で一概に言うことはできません。

しかし同化・反発のいずれにせよ、界隈から強烈な影響を受けていることに変わりはありません。

未来を好転させるヒント 03

界隈は人が2人集まれば形づくられる。

界隈は人の「幸せの器」を変える、強い影響力を持つ。

人の数だけ界隈がある

「地域」や「空間」にも生まれる

家族、職場、学校などは私たちが存在を自覚しやすい、目に見える界隈です。一方、顔も見たことがない人々と形づくる界隈もあります。

例えば、**地域**です。

東京の渋谷はなんとなくイノベーティブ、原宿はやたらお洒落、丸ノ内は洗練され一流……と、その土地柄が持つ特徴を、そこに集まる人々は受け継ぎます。誰もいない渋谷をイノベーティブな街とは言えないように、街の空間のもつ雰囲気とその界隈の人々の営み、この両方によって土地柄が決まるといえます。

これは**物理的な空間に限りません**。現在ではインターネット上にも多様な界隈が存在します。誰でも書き込める匿名掲示板、匿名・実名が入り乱れるTwitter、実名ユーザーがほとんどを占めるFacebookなど、機能・目的の違いからユーザーの年齢層や価値観は大きく違ってくるため、界隈の質も千差万別です。

名前も知らない者同士のやりとりであっても、あなたがそこに毎日どっぷり漬かっているとしたら、知らずしらずの間に**学校や職場並みに影響を受けている**こともありえます。

どの街に通っているか、どういったサイト・SNSに多く触れているかも、人の「幸せの器」に影響を与えているといえます。

界隈は捉え方次第

これまで見てきたとおり、界隈は夫婦や家族などの極小の単位でない限り、**自分の意志でつくり出すことは困難**です。人が集まれば生み出されますが、集まってみないとどんな界隈に発展するかはわかりません。

このあいまいさが、人が界隈の影響を自覚しにくい理由のひとつでしょう。

また、捉え方次第では、細かくもなり、大きくもなるのがやっかいです。

さきほど例に挙げた渋谷界隈でいえば、エリアで細分化すると「センター街界隈」「道玄坂界隈」「宮益坂界隈」「マルキュー界隈」「Bunkamura界隈」「キャットストリート界隈」など、細々と分けることができます。

反対に、私たちが実感をもって捉えられるもっとも大きな界隈のくくりは、**「日本国界隈」**でしょう。

実に、1億以上の人がこの界隈を構成しています。経済の浮き沈み、自然災害、国際スポーツの祭典などでは、多くの人が同じように感情を揺さぶられています。

この「界隈の大小」の考え方は、のちのち大切な視点になるので覚えておいてください。

あなたが本当の幸せを手に入れるために向き合わなければならない界隈は、どれくらいの広さなのか。あなたの「幸せの器」に悪さをしているのが、「日本国界隈」のようなスケールなのか、あなたの日常の半径10メートルくらいの界隈なのかで、対処法が大きく変わるということです。

付き合い方も千差万別

ここまで見ればおわかりでしょうが、人は誰しも自分の周囲を取り巻く、数多くの界隈を持っています。家庭に親戚、職場や学校、地元やご近所、同窓、趣味や習い事、アフター5、SNS、オンラインゲーム……。

あっちこっちに顔を出して広く薄く界隈を紡いでいる人もいれば、数を絞って、特定の仲間と濃厚な時間を過ごしている人もいます。家で過ごす時間が人それぞれなように、どの界隈にどれだけ時間を割いているかは、まさに人の数だけ異なります。

この**界隈の組み合わせの最適解**を探すことも本書の目標のひとつです。

人は皆いろいろな界隈を複数持っている、という点を覚えておいてください。

未来を好転させるヒント 04

界隈は現実でもオンラインでも、実名でも匿名でも人が集まれば生まれる。人によって界隈との付き合い方は異なる。

「本当の幸せの器」をつくるただひとつの方法

「本当の幸い」抽出サイクル

界隈の影響力についてわかっていただいたところで、「幸せの器」に話を戻します。

自分の意志で器を変えられない以上、私たちは界隈によって形づくられた器をそのまま使って、「どことなく幸せじゃない」「満ち足りない」といった違和感とともに生きるしかないのでしょうか？

もちろん、そんなことはありません。自分で「幸せの器」を変えられないのなら、それに影響を与えている**界隈の方に手を入れれば良い**のです。

詳しくは後述しますが、「こう生きたい」という意志を持って、古い服から新しい服に着替えるように、「あなた界隈」を構成する界隈を取り替えたりカスタマイズする。

これにより**自分の希望と同じ方向性の価値観を、界隈から受け取れる**ようになります。

すると、周りの界隈に後押しされる形で自分の心もいっそう「こう生きたい」と強く願うようになり、より良い界隈をさらに引き寄せることになります。

こうしていくと、無自覚にぼんやりと形づくられていた幸せの器が洗練され、「本当の幸せの器」の輪郭が見えてきます。

先に挙げた、漠然とした現代人の不幸「幸福な国に住む不幸な私たち」に対する処方箋が、次のページで示した、自分の界隈と自分の意志との好循環による「本当の幸い」抽出サイクルです。

界隈についてだけでなく、25ページでは日々の生活から「受け取る」実感が注がれていたのが、「つかみ取る」実感が注がれており、受け身から主体的になっています。「本当の幸せの器」が見える頃、あなたの日々の生活は漠然と過ぎ去る日常の一コマではなく、「本当の幸せの器」を満たすための有限で貴重な一日一日となっています。

本書を片手にぜひ、その一歩を踏み出していただければ幸いです。

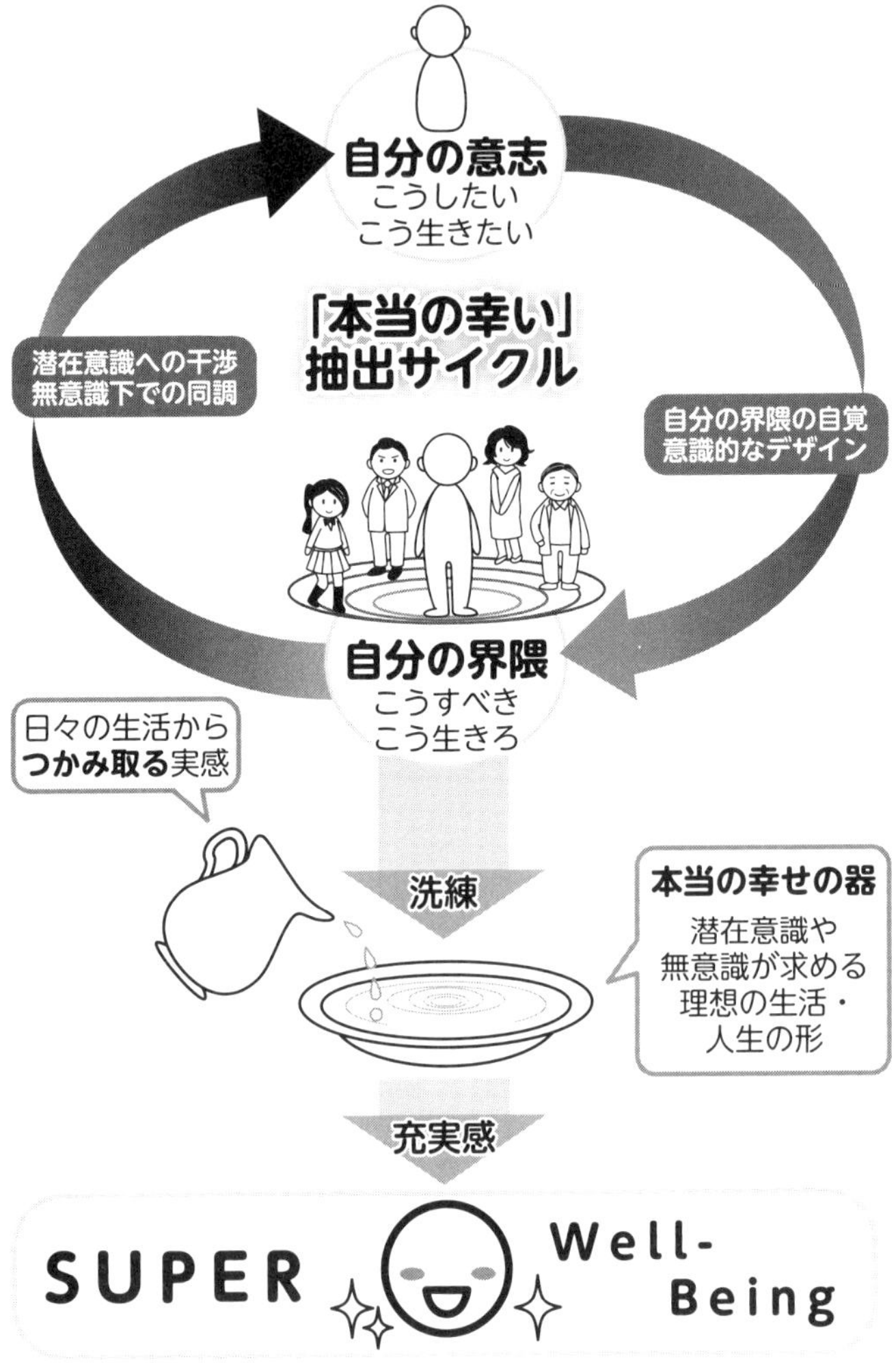
自分の意志
こうしたい
こう生きたい
「本当の幸い」
抽出サイクル
潜在意識への干渉
無意識下での同調
自分の界隈の自覚
意識的なデザイン
自分の界隈
こうすべき
こう生きろ
日々の生活から
つかみ取る実感
洗練
本当の幸せの器
潜在意識や
無意識が求める
理想の生活・
人生の形
充実感
SUPER
Well-
Being

「自分のせい」と思ったら負け

「自己責任論」が幅を利かせる国

ここまで本章では、「本当の幸せ」と界隈の関係についてご説明してきました。
とはいえ、こう思われている方もいるかもしれません。

「幸せの器が自分以外＝自分の界隈によって決まることはわかった。でも、その界隈を変える・変えないも、結局は自分次第。**幸福も不幸も自分のせい**じゃないの？」

残念ながら、この考え方は人を幸福から遠ざけます。

ちなみに、なんでもかんでも自分のせいと考えたり、考えさせる論法を「自己責任論」と言います。この「自己責任論」が幅を利かせている真面目な国や地域の幸福度

誰／良し悪し	GOOD！	BAD↓
自分のせい	◎	◎
他人のせい	×	×

は低い傾向にあります。

そのカラクリをご説明しましょう。

なんでもかんでも自分のせいだと思う人は、良い出来事も悪い出来事も、自分のせいだと考えています。

図にすると上のような感じでしょう。

うまくいっているときは良いでしょう。

うまくいった！　という事実だけでなく、そこに自分の才能や努力の成果だ、という自負心や自尊心がプラスされます。

問題はうまくいかなかったときです。

うまくいかなかった！　という事実だけではなく、自分の能力や努力が足りていなかったから失敗した、という自責の念が加わり、大きなストレスを受けます。

人は失敗ばかり記憶に刻む

人生は山あり、谷ありといいます。

この言葉に従って、ある人に仮に「良い出来事」と「悪い出来事」がちょうど半々、50%ずつ生じるとしましょう。

幸せな時もあったし、不幸な時期もあったが、総じてまあまあな人生だった……となれば良いのですが、そうはならない可能性が高いのです。

というのも、人は**「何かを得る良いことより、失う悪いことの方を、とても大袈裟に感じる」**というやっかいな感性を、もれなく持っています（「ネガティビティ・バイアス」）。

これは様々な研究機関の実験で実証されている、人間が進化の過程で身に付けた動物的な生存本能ですので、訓練では変えられません。

例えば、ある日突然、勤め先から10万円のボーナスをもらったとします。

凄く嬉しいですよね。

反対に、ある日突然、「今月は業績が悪いから」とか何とか理由をつけられて、給料を10万円減らされたとします。

どうでしょう。

10万円のボーナスが出た嬉しさと、10万円も給料を減らされた負の感情は、減らされた怒りや悲しみの方が、はるかに勝るのではないでしょうか？

このように、悪い出来事による不幸感は人の**本能による増幅補正**が入ります。

ここに、冒頭で述べたような「なんでもかんでも自分のせい」という自己責任論がかけ合わさります。するとせっかく同じだけ起きた良い出来事による幸福感を、不幸感は簡単に上回っていくのです。

人生はだいたい他人のせい

さて、ここまでの話を聞いて、勘の良い方は「**良いことは自分のおかげ、悪いことは他人のせい**」と思っていれば幸福度がいちばん高くなるのでは？　と気づいたかもしれません。

まさにそのとおりです。そのような生き方を貫ける性格の人も世の中には存在します。実に幸せそうです（笑）。

しかしこれは、「**他人からどう思われても気にならない**」というサイコパスな気質がなければ実現できませんし、意識的にできるものでもありません。私を含めた多くのまともな凡人は、そこまで割り切ることはできません。

皆さんも、こういう生き方をしている知り合いの顔は、せいぜいひとりや2人くら

誰／良し悪し	GOOD！	BAD↓
自分のせい	×	×
他人のせい	◎	◎

いしか思い浮かばないのではないでしょうか。

そして言うまでもないですが、そういう人には近づいてはいけません。あなたの界隈が汚れます。

裏返しとして、「**うまくいったら誰かのおかげ、失敗したら自分の努力不足**」といった考え方も存在しています。

日本では美徳と捉えられがちで「謙虚」と褒められることもあるかもしれません。しかしいたずらに不幸感を増幅させるだけ。論外です。

ポーズならまだしも、本気でそう思っているようであれば早急な意識改革が必要です。

周りに食い物にされてしまう危険性もあり

ます。

結論として、成功したときと失敗したときで、その理由をコロコロ変えるのはおすすめできません。

いちいち自分のせいなのか、周りのせいなのか、両方なのか、どちらがどれくらいの割合なのか……などをぐだぐだと考えることにもなります。

最低限、成功も失敗も「全部自分のせい」なのか「全部他人のせい」なのか、割り切ってしまうことが大切です。そのうえで、本書では「全部他人（界隈）のせい」と割り切ることをおすすめします。

ちなみに、「失敗を他人のせいにしない真面目で誠実な人」を持ち上げ、「他人のせいにする不誠実な奴」を寄ってたかって叩きまくる雰囲気が日本には充満しています。「世界幸福度ランキング」で、日本が**先進国とは思えぬ低位を毎年叩き出す**のも、うなずけます。

私は過去バックパッカーとして世界中を旅し、仕事上も様々な国・地域の人々と関わることが多いのですが、なんでも他人や神さまのせいにする国や地域は、幸福度が高い印象です。

問題だらけなのに「ノープロブレム」とにっこり笑って見せる人。うまくいったら「サンキュー神さま」、やっぱりうまくいかなかったら「運が悪かったな！」と。

いずれにしても昼間からビールを飲んだり昼寝したりして笑っている。一緒に仕事をすると大変な人たちですが、本人たちはとっても幸せそうです。

これでは単なる能天気ですが、本書では読者の皆さんを「本当の幸い」に導くべく実用的、実践的な話をしていくつもりです。

未来を好転させるヒント 05

人は悪い出来事ばかり重く受け止める。「自分のせい」と考える癖は人を不幸にする。

第2章

在り方・生き方も「あなた以外」で決まる

お金さえあれば幸せか？

環境が金銭感覚をつくる

本章では界隈の「同調圧力」や「同質化現象」の威力について、まだ実感できていない人のために、その例を挙げていきたいと思います。

幸せについて語るならば、現代社会において「お金」の話は避けられません。生まれたときから資本主義社会にどっぷり漬かっていると、「お金さえあれば幸せ」という考えに陥ることがあります。

もちろん、お金が不足すれば不幸になるので、あながち間違いではないです。ただいい大人なら、**お金だけあれば幸せになれるかというと、そんなこともない**とわかります。では、どのあたりが必要条件なのか。

この、いわば「幸せの器」のお金の部分についても、界隈が大きく影響しています。

ここで影響を与えてくるのは、まず、生まれ育った家庭環境や地域です。これはわかりやすいですね。生活水準や所得水準の基準は、親や地元の雰囲気から察して育つわけです。

一方で、例えばお洒落なファッション誌やトレンド誌を毎号購読したり、「丸ノ内OL」や「港区女子」、自称エリートビジネスマンなどのSNSをフォローしたりして、しょっちゅう眺めていれば、知らずしらずのうちにそういった界隈に染まっていきます。華やかなスマホの画面と自らの生活にギャップがあると、その不協和音が欠乏感や不全感の源になっていきます。

「無料の情報」はだいたい広告

では、そうした「幸せの器」を不都合な方向に歪めるものと、どう向き合ったら良いのか。

方法がひとつあります。

少々極端ですが、**「無料の情報源」になんとなく接するのを止める**ことです。

例えばテレビやYouTube、TikTokです。私は広告代理店に勤めていたのでよくわかりますが、世の中の無料の情報源のほぼすべては広告ビジネスで成り立っています。

そして多くの場合、広告はあなたの持つなんらかの夢や希望、欲望や羨望、嫉妬心や不安感などに訴えかけてモノやサービスを買わせようとします。

これ自体は悪いことではありません。人の向上心や野心を刺激し、社会へ活力を与える効果もあります。

しかし、あなたが今現在の日常生活に満足し十分な幸せを感じていたとしたら、新しく何かにお金を使う必要は全くありません。日々生きるのに必要な、最低限の衣食住用品を買うだけです。

なので、広告は本質的にあなたの日常へ問題提起をしてみたり、夢や憧れとなるものを見せつけて現状への不満を煽ったりして、幸福感を下げる作用を持ちがちともいえるのです。

「キラキラ感」の前では立ち止まる

これは、テレビやYouTube、TikTokに限りません。先に挙げた「丸ノ内OL」などのインフルエンサーたちも、クライアントからお金をもらって宣伝に加担するなど、憧れをお金に換えるような商売も存在します。

「自分はそんなミエミエの広告には騙されない、大丈夫！」と思っている人ほど要注意です。カルト宗教やねずみ講もそう信じている人ほど被害に遭うというのは、もはや常識です。

何より、Google、YouTube、Facebook、Twitter、TikTokといったサービスを運営する企業はすべて広告会社です。そして人類最高峰の頭脳をとんでもない高額な給料で世界中から集め、最先端技術を惜しみなく広告へ投入しています。

あなたは何を根拠に、世界最高峰の頭脳に決して騙されない、と言えるのでしょうか？

もっとも、現代社会では避けられない広告も多々あります。そういうものは「これは広告だ」と心を自衛しながら聞き流しましょう。

そうして、広告要素を含んだ一切から自分の心を切り離したその先に、「こうなりたい」「こういう生活を送りたい」と心の底から湧き上がってきたり、自ずと「そうなっていた」生活の景色が、あなたの「本当の幸い」につながる生活風景です。

これからは、画面や紙面の向こうの光景が、今の自分と比べて妙にキラキラして見えたら赤信号です。それは大体広告です。

未来を好転させるヒント 06

お金に関する幸せについても界隈が幸せの器をつくっている。日々触れているものに要注意。タダの情報はだいたい広告。

お金の価値はあいまいなもの

地球規模で「年収格差」を見てみる

さて、満足いく生活水準は、あなたと日々触れ合う界隈から影響を受けた理想のライフスタイル次第だという話をしました。次にとりあげるのは、お金そのもの、ずばり年収です。ここでも界隈が大きな働きをします。

界隈のもっともわかりやすい例は、エリアに根ざしたものだと述べました。日本全体の平均年収は2021年時点のデータで440万円ほどなので、もし年収が1000万円あれば平均の**2倍以上**ということになります。満足度は一見高く、同窓会では鼻が高そうです。

ところが、例えば東京の港区に引っ越そうものなら、あなたの年収は平均以下に転落します。六本木や麻布十番を擁するこの区の平均年収は1000万円を超えているのです。

上には上がいるということです。

世界のイノベーションの中心地として名高いアメリカのサンフランシスコですと、世帯年収が1300万円でも場合によっては「**貧困層**」と定義されます。

港区のちょっとした会社の経営者が、家族を引き連れてサンフランシスコのベイエリアに移住すると生活水準が下がったりします。

暮らしに不満を感じるメカニズム

その逆もまたしかりです。

物価がまだまだ安い新興国の田舎などでは、日本より低い年収でのんびりと優雅に過ごすことができます。日本の所得水準で、日本より特に物価の安いところにゆけば(年々物価格差は縮んでいますが)**日本で暮らすより良い暮らしができる**わけです。

とはいえ、言語はもちろんのこと、治安や衛生面、気候、社会インフラの問題もあ

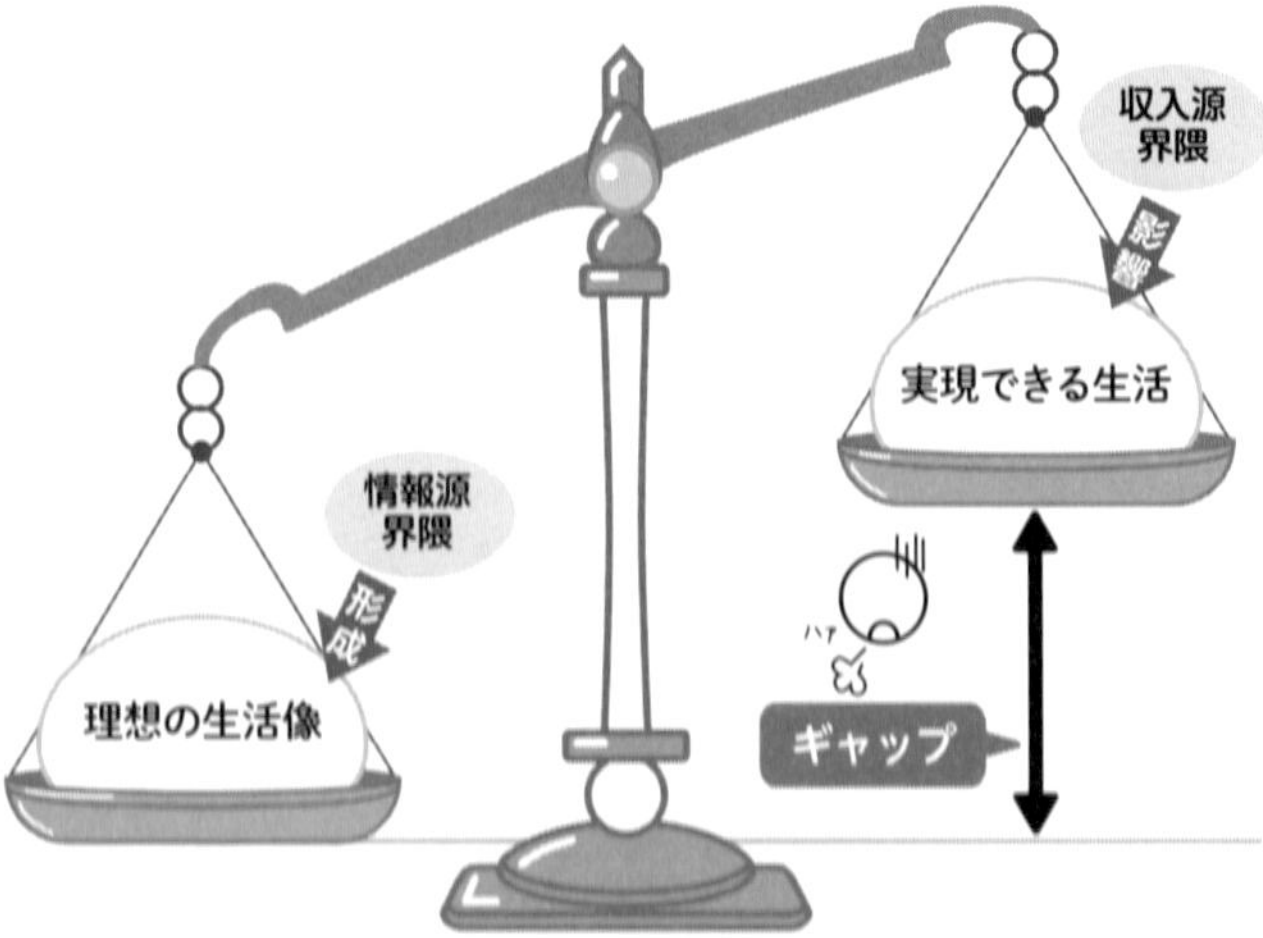

るので、海外生活が幸せか否かは**人それぞれ**です。

日本という界隈と、どこかの発展途上国という界隈、その良し悪しは物価だけでは比べられません。同じように、年収だけで幸福度は測れないということです。

お金の価値は身を置く場所によっていかようにも変わります。もし現在の自分の給料に不満があるとしたら、金額自体に問題があるわけではありません。

あなたの不満は、日々接する地域やメディアといった「情報源界隈」から形成されている「理想の生活像」と、会社などの「収入源界隈」から得られるお金で「実現できる生活」に、**大きなアンバランスがある**ときに大きくなります。

メディアやインターネットが発達する以前は「情報源界隈」と「収入源界隈」はどちらもだいたい同じような界隈だったと思われます。しかし現代社会においては、両者は大きく異なってきています。

「理想の生活像」と「実現できる生活」がどちらも別の界隈の影響を大きく受けている以上、幸せになるためには、この２つのバランスに特に注意を払う必要があります。

未来を好転させるヒント 07

理想の生活と実現できる生活、双方がそれぞれ異なる界隈の影響下にある。この2つの界隈のバランスが崩れると不幸になる。

モテ・非モテも「あなた以外」で決まる

シンプルだった小学校時代

お金の他に、恋や友情の質と量も幸せをつくるうえで大切なテーマですね。

実はこんなところでも界隈の影響は大きいのです。

皆さん、小学校時代を思い返してみてください。クラスの人気者、モテていた男の子はどんな子だったでしょうか？　私の記憶では**足が速い子**や、**サッカーやバスケットボールなどの球技が得意な清潔感のある明るい子**（もちろん加えてイケメン）が人気者でした。

なぜ、こうした子たちを「人気者」だと感じていたかといえば、他の尺度、例えば勉強や芸術関連に秀でていることの価値が、まだあまりわからないからだと思います。

何の役に立つのかもよくわからない学業成績の差と比べ、運動会ほか、わかりやすい勝敗につながる「スポーツができる」というのは目に見えて理解しやすいポイントです。そして清潔感や明るさは、大人になっても変わることのない普遍のモテ要素です。

まだまだ発展途上、未熟で社会に出ていないからこそ、金銭価値（カネ勘定）とは少し離れたところに価値の基準がある、幸せな界隈だったと言えるかもしれません。

「モテ」の基準が変わるタイミング

しかし、中学・高校を経て大学ともなると、それまでに比べ学生の数も増え価値観も多様化し、**様々な界隈が乱立**、それぞれに「モテる男」がいたように思います。

文化系サークルでは体育会系はモテませんし、アメフト部では文学青年はモテません。それぞれの界隈で「モテる」基準が大きく異なってくるのです（もちろん、愛は界隈どころか国境も越えるので、あくまで傾向、確率の話です）。

そして、社会人になると、それまで一貫してモテにくかった一部のオタクやガリ勉タイプの人がモテだします。というのも、彼らは大企業に入ったり起業したりと社会的に成功し始めるのです。小学校の頃は目立たなかった学業成績の金銭価値が、はっきりと現れ始めるわけです。

マイクロソフトの創業者として有名なビル・ゲイツ氏が学生に向けて放ったとされる、**「オタクには優しくしておけよ。いつかそいつらの部下になるのだから」**という言葉は、界隈の移り変わりの本質を突いた名言といえるでしょう（もちろん、ビル・ゲイツ氏の学生時代はオタクでガリ勉だったようです）。

はたして小野小町は美人か

筆者は男子校出身のため、女子の界隈別モテ要素の変化については詳しくありません。ただ想像するに、女子も少なからず男子と同じく成長とともにモテの条件も変わっていったはずです。

「カワイイ女子はいつでもどこでもモテるのでは？」という声が聞こえてきそうです。たしかに、これは男子の清潔感や明るさと同じように普遍的な要素かもしれません。

しかし、この「カワイイ」容姿の基準も絶対ではありません。

時代という界隈とともに大きく移り変わっています。

「百人一首」に描かれているような平安美人の肖像画は、現代の感覚からすれば必ずしも「カワイイ！」と言えないことからも明らかです。

時代を例に挙げましたが、国という界隈によっても基準は大きく変わります。

極端な例ですが、カヤン族やムルシ族という少数民族の例がわかりやすいかもしれません。カヤン族は別名「首長族」と呼ばれるミャンマーとタイの国境付近に住まう少数民族です。

カヤン族ではその別名のとおり、女性は金属製の輪っかを首にはめて少しずつ首を伸ばしてゆきます。この**首の長さが女性としての美しさ、評価につながる**のだそうです。

ムルシ族はアフリカ大陸のエチオピアに住まう少数民族です。ムルシ族の女性は下唇にお皿を入れて、唇を拡張してゆきます。この**お皿の大きさが大きいほど、女性としての価値が高い**と評価されるようです。

カヤン族やムルシ族の文化を奇妙に思われた読者も少なくないと思います。

しかし、向こうからしてみれば、日本人の美意識もまた奇異に映ることでしょう。近年先進国では女性モデルや女性芸能人の「痩せ過ぎ体形」が問題視されています。テレビやインターネットで痩せ過ぎモデルを見続けると、それを美人の条件と勘違いしかねません。

結果、無理なダイエットに走り健康を害する女性が跡を絶たず、一部の先進国では早々に規制対象になり始めています。本来の生物としての健康から逸脱した美意識は、界限の外から見ればさぞ奇妙に見えることでしょう。

このように「モテ」の基準も、先に解説したお金のように時代や国、ライフステージといった界限とともに変わり、界限の構成員たちはそれぞれ濃淡があるにせよ影響を受けているわけです。

私たちは通常、いくつもの界限に属して影響を受けています。その中には日常的な交流やふれ合いを伴う職場や学校といったリアルな界限もあれば、インターネットやメディアの向こうに広がる界限などもあります。

日常生活で実際に接する界限ではなく、YouTubeやテレビドラマといったリアルな接点の薄い界隈の価値観に共感し、慣れ親しむと、**あなたの好みに合う「イケてる人」に、巡り会えない可能性が高くなります。**特定の視聴者を満足させることに心血を注ぐテレビドラマや、自慢できるネタを持っている人ばかりが発信するＳＮＳの普及と未婚率の上昇は、決して無関係ではないでしょう。

「結婚観」も環境次第

恋のひとつのゴールといえる**結婚**についても、界隈は大きな影響を与えます。都市部の、いわゆるオフィスワーカー界隈では28歳を一区切りに、結婚ラッシュが起きます。

一方で、比較的地方に住んでいる、いわゆるマイルドヤンキー界隈の平均的な結婚年齢はもっとずっと早いといいます。結婚ラッシュが起きる理由は、界隈からの同調圧力の一種、いわば「結婚圧」によって構成員の結婚が促進されるためです。結婚圧の有無や生じる時期は界隈によって様々です。

オフィスワーカーでもいわゆるバリキャリ層やエグゼクティブ層は30代中盤くらい

まで結婚しない人、そもそも結婚が眼中にない人も少なくありません。

昭和時代には「女性は24歳までにはお嫁に行くべき」と言われていたことを考えると隔世の感があります。文化が違えば結婚観も変わるのは、今さら驚く話でもありません。現代でも一夫多妻制の国や地域もありますし、事実婚が多い国もあります。

問題は、「結婚したいのにできない」場合です。そんな人は界隈を間違えている可能性があります。生涯独身も珍しくない仕事一筋のワーカーホリック界隈で「お互い20代のうちに結婚したい！」と願っても、なかなか結果はついてこないでしょう。

意中の相手は**結婚観についてどんな界隈から影響を受けているか**、その界隈ではどんな時期に「結婚圧」という同調圧力が強まるかなどを見極めると、努力の方向性や創意工夫の糸口も見えて来るでしょう。

未来を好転させるヒント 08

美意識や恋愛・結婚観も界隈に引きずられている。
縁遠い界隈の影響を受け過ぎると、いい人に出会えなくなる。

億万長者と漁師はどちらが幸せか？

メキシコのとある田舎町にて

インターネット上で古くから伝わる、ある小話があります。ノーベル文学賞作家ハインリヒ・ベルの作品「生産性低下の逸話」が改変を繰り返され、語り継がれたものです。

メキシコのとある田舎の漁村を、休暇中のアメリカ人が訪れます。
彼は世界屈指のビジネススクールでＭＢＡを取得した超一流ビジネスマンです。
海岸線を散歩していると、地元の漁師と出くわしました。
聞けばもう今日の漁は終わり。
家族を食わせるには十分な量の魚が獲れたそうです。

しかし彼は疑問に思います。

まだまだ漁を続けられる時間だったからです。

「今日はこれから何をして過ごすのか」と漁師に尋ねると、「**妻とシエスタ（昼寝）をしたり子どもたちと遊んだり、友達と会ってワインを飲んだり、ギターを弾いたり、日がな一日楽しく充実した時を過ごすのさ**」と返します。

彼は漁師に言いました。

「君はもっともっとハードワークをすべきだ。そして、獲れるだけ魚を獲って、それを売ってお金を貯め、漁船を買い人を雇い、それを少しずつ増やしてゆき、いずれ魚肉の加工工場なんかも建てて、まずはメキシコシティへ進出、その後はニューヨークへ引っ越せば、君はグローバル企業の社長になれるぞ！」と。

漁師は目を丸くして聞きます。

「それまで何年かかるんですか？」

彼は意気揚々と答えます。

「だいたい15～20年くらいかな！」

漁師は聞きます。

「その後どうするんですか？」

彼は興奮してまくし立てます。

「株式を上場させて億万長者になるんだ！」

漁師はまだ要領を得ない様子で聞きます。

「億万長者になって、それから？」

彼は満足げに答えました。

「それは君、リタイアして、メキシコの小さな漁村にでも引っ越して、時々釣りでもしながら、**妻とシエスタをしたり子どもたちと遊んだり、友達と会ってワインを飲んだり、ギターを弾いたり、日がな一日楽しく充実した時を過ごすのさ**」

なかなか面白いオチがつきました。

あなたは、どちらの生き方が幸せだと思いますか？

この結末の面白さは、ビジネスマンが熱弁した挑戦の先の「理想の生活」を、すでに漁師が実現している点です。

漁師は最後に思ったでしょう。

「そんな生活、今と何が変わるのだろうか？」と。

個々人の思う「人生の知恵」は、その人が身にまとう界隈の価値観でつくられると述べてきました。

漁師とビジネスマン、2人の行き着く先は結局似たような生活でしたが、もちろん2人の理想の人生が同じわけではありません。

アメリカ人のビジネスマンにとって、人生の目標は株式の上場によって「億万長者になる」こと、つまり経済的成功や名声です。そこがクライマックスで、余生はおまけです。

漁師はビジネスマンの言う**「億万長者になる」こと自体に関心がありません**。だから、ゴールではなく何かの手段と捉えたわけです。なので「それから？」と相変わらず続きを問うたのです。

小話の中で、2人は違う界隈の価値観に触れました。しかし結局は話がかみ合いませんでした。さらに現実では、漁師は資本主義社会での挑戦の興奮を、ビジネスマンは自然と一心同体の豊かな日々を知ることなく生きていきます。

私たちも同じで、人は**自分の界隈から見出せる生き方以外を選び取ることはできません。**

知らないことは、求めることすらできないのです。

だからこそ本書では様々な界隈に触れることを目指します。

次章からはいよいよ具体的なお話をしていきます。

未来を好転させるヒント 09

人は自分の界隈以外から生き方を選べない。界隈を広げることは生き方の選択肢をふやすこと。

第3章

本当の幸せを見つける「界隈デザイン」

理想の人生に近づくために

ゴールの前に待つ「2つの罠」

ここまでのお話で、人生に大きな影響を与える様々なテーマが、あなたが身にまとう界隈によって決まっていることをご理解いただけたと思います。本章では、いよいよ**自分の周囲の界隈を変えることで、理想の人生に近づく方法**について、解説していきます。

もちろん最終的なゴールは「本当の幸せの器」を満たした状態です。私たちは皆、幸せになるために生きており、等しくその権利があります。

しかし、そのゴールに至るには、まず「**2つの罠**」に気をつけなければなりません。

左の図をご覧ください。

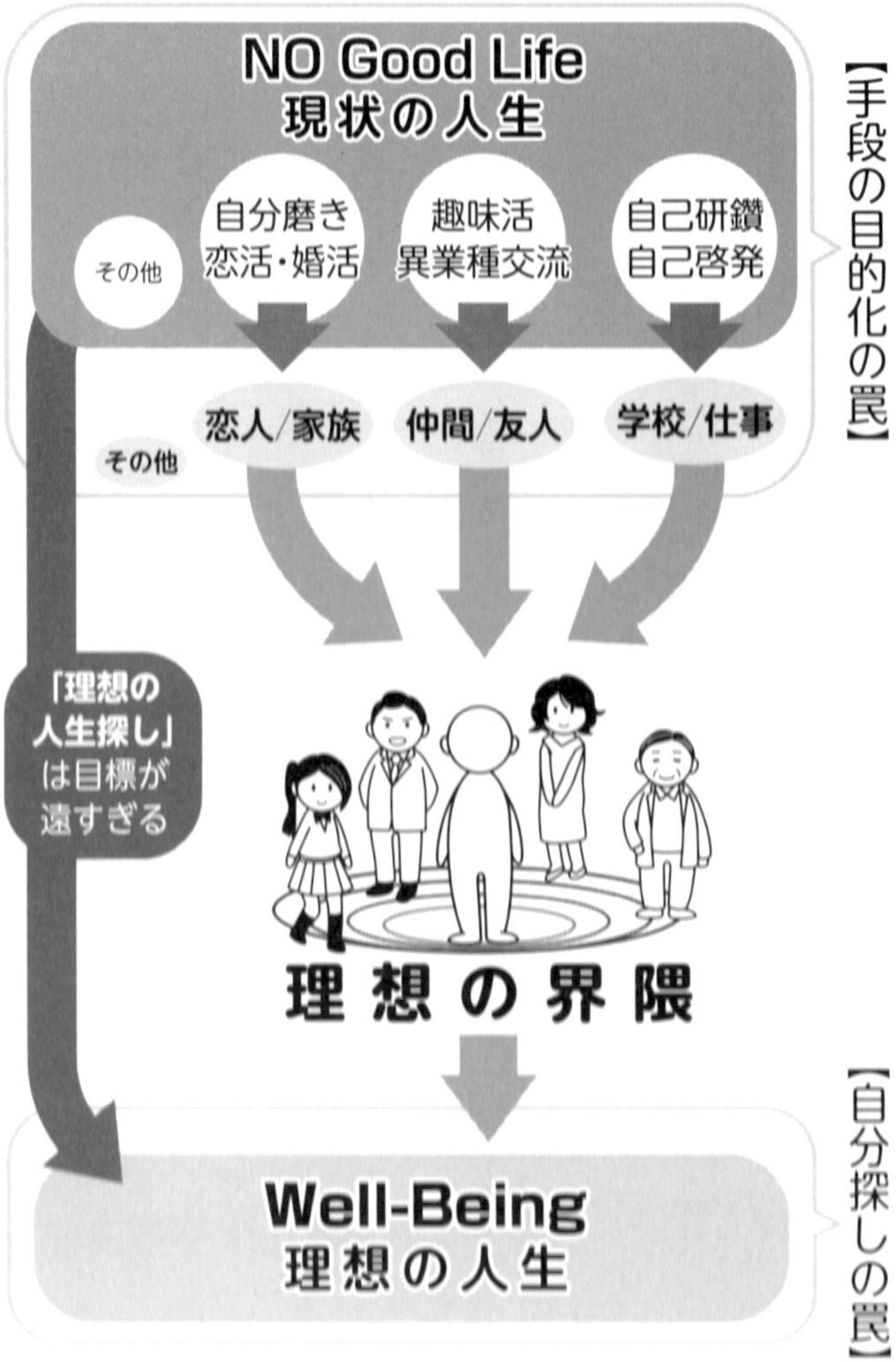
NO Good Life
現状の人生
自分磨き
恋活・婚活
趣味活
異業種交流
自己研鑽
自己啓発
その他
恋人/家族
仲間/友人
学校/仕事
その他
【手段の目的化の罠】
「理想の人生探し」は目標が遠すぎる
理想の界隈
Well-Being
理想の人生
【自分探しの罠】

理想の界隈に囲まれ、「本当の幸い」に満たされた日々が理想の人生です。

界隈の存在に無自覚な人の多くは「理想の人生」をつかもうと、直接これを探そうとします。いわゆる「自分探し」です。

「自分にとっての〝本当の幸せ〟とは何だろう？」というわけです。しかし、現状からそこまで一足飛びに至ることはできません。

なぜなら、確固たる「自分にとっての本当の幸せ」などというものは、自分の内面はもちろん、世界中どこを探したって見つからないからです。

これは第1章で見た、「**自分の本当の幸せは自分で決めている**」という錯覚がもたらす悲劇です。

「自分は何が得意なのか」「何に喜びを感じるのか」といった内面を探る自己分析は非常に重要です。しかし「どの界隈にいるか」によって、それらの問いへの答えは簡単に変わってしまいます。やっと見つかったと思ったら、次の日には変わっている、なんてことはしょっちゅうです。

これがひとつ目の罠、いわゆる「**自分探しの罠**」です。

これはいわば、絶えず形を変える迷路の中で、GPSどころか地図も方位磁石も持たずに宝探しをするような話です。

通った道に目印を置いたとしても、次来たときにその道があるとは限らない。それほど変化の激しい道を行くのが現代人の人生です。その過程で貴重な体験をすることもあるでしょうが、自分を探している限り理想の人生にはたどり着けません。

罠にはまらないために

もうひとつ気をつけたいのが「**手段の目的化の罠**」です。

こちらは「自分探しの罠」よりは、ピントが合っています。自分を探すのではなく、自己研鑽・自己啓発・趣味活・婚（恋）活など、理想の人生に連なる物事にアプローチする方法です。

ありもしない自分を求めるよりは良いのですが、よくあるのがいつの間にか**幸せになるための手段が目的化してしまう**ことです。自己研鑽や自分磨きはなまじ手応えや実感を得やすく、自己啓発などはある種の陶酔感にひたれるので、目的を忘れてその行為自体にはまってしまうのです。

目標が遠過ぎる理想の人生探しは、自分探しへとつながり答えが出ない。近過ぎる自己研鑽や自己啓発、様々な「○○活」の類いは結果が出やすい反面、それ自体の達成感で満足しがち。

それらに対し、これから紹介する界隈にアプローチする方法は、**遠過ぎず、近過ぎず、具体性もあり、即効性は高くない**ので2つの罠にはまりにくくなっています。

一見遠回りに見えますが、最終的なゴールに続く、もっともわかりやすいマイルストーン（中間目標）になります。

とはいえ、論より証拠です。かく言う私自身が、この「2つの罠」にどっぷりはまった経験があるので、まずはそちらをご紹介します。

未来を好転させるヒント⑩

界隈デザインはゴールに至るためにもっとも適したマイルストーン。

罠その①「自分探しの罠」

40ヵ国を放浪するも……

まずは「自分探しの罠」についてです。

自分の生活に閉塞感や焦燥感、不全感、違和感を漠然と抱いている人は、「**ここではないどこか**」……そう、遠い異国の地にでも飛び込めば、**本当の自分が見つかる**のだと思い込むことがあります。何を隠そう、私もそのひとりでした。

学生時代にバックパッカーとして40ヵ国を放浪するくらいには自分を探しました。

沢木耕太郎『深夜特急』や遠藤周作『深い河』よろしく、インドのガンジス河でぼーっとしてみたり、仏教発祥の地・ブッダガヤで念仏を唱えてみたり、モーセが十戒を授かったシナイ山の山頂で朝日を拝みながら煙草を吹かしてみたり。

アマゾンの奥地、ペルー北部のイキトスのさらに奥のジャングルのシャーマンに20

ドルでなんだかよくわからない儀式を依頼して、スピリチュアル体験をしたり……。

見つからなかった自分

中東に滞在中、シリアの武装政党・ヒズボラがイスラエルと戦争を始め、ベイルートでそのヒズボラにスパイ容疑で連行されたり、キューバでは酔っぱらった黒人と殴り合いになったり、不摂生がたたってイランで腎臓結石を発症したり、その少し前にはテヘランでバイクにはねられたり……。

旅先では数多くの出会いもありました。

中国の新疆ウイグル自治区・トルファンで砂嵐に足止めされた際は「お前は我が国の客人だ。助けてやる」と上海っ子のお兄ちゃんが食事や寝床を世話してくれました。

ウズベキスタンのサマルカンドでは、中央銀行ですらまとまった金額を現地通貨へ両替できずに困っていると、通りがかりの地元の金持ちのおじちゃんが闇金を紹介してくれました。しかも適正レートで両替できるよう付き添って、最後はホテルまでBMWのオープンカーで送ってくれました。

旅行記が書けるほど、様々な体験ができましたが、本当の自分が見つかったのか？と問われれば答えは「ＮＯ」です。あえて発見できたものを挙げるとすれば、**自分なんてものは探して見つかるものではない**、という確信です。

よく「理想の恋人はいくら探してもいない。自分のいちばん大切な人を理想の相手に育てるのだ」と言いますが、これは自分にも当てはまることなのだと思います。

他人を変えるには、要望を伝えるなり、うまいこと仕向けたりとイメージをつかみやすいですが、自分を変えるにはどうすれば……？　それが本書の内容そのもので、バックパッカー体験は本書の執筆の出発点になっています。

未来を好転させるヒント⑪

自分は探しても、ない。

罠その②「手段の目的化の罠」

画家を目指し、いざ芸大受験！

次は2つ目の「手段の目的化の罠」について、エピソードをお話ししたいと思います。手段の目的化に陥りやすく、多くの人が経験するのが受験です。

私は高校時代、美大・芸大を志望していました。

幼少期から、どこか懐かしい雰囲気を感じさせるような美しい絵画を眺めるのが好きで、よく美術館に通っていました。そんな背景もあり**「画家にでもなりたいな〜」**と無邪気に思っていたわけです。

この業界を目指す人には常識なのですが、この「芸大受験界隈」には、多浪（複数年にわたる浪人）生が大勢います。普通の総合大学では考えられない、四浪、五浪なんて人もいます。

なぜこんな現象が起きるのかといえば、美大・芸大の試験は実技試験に重きを置いているからです。浪人生は一日中練習できますから、現役生はとても彼らに太刀打ちできません。

現役で合格できるのは、幼少期から画力を鍛えられてきた一部のサラブレッドか天才くらいです。つまり、高校入学後に美大・芸大へ志望を固める一般的な学生のほとんどは、浪人生活を覚悟するほかないのです。

ご多分に漏れず、私も高校2年生の秋頃から美大・芸大専門の予備校の門を叩きました。そこで浪人生コースの教室から発せられるオーラ、迫力に圧倒されました。なかにはダラダラと浪人している人もいるのですが、多くはただただキャンバスに向かい、文字どおり一心不乱に絵を描いているのです。

休み時間に浪人生コースの教室に忍び込み、壁にかけてあった作品を見て、私は確信しました。

「**これは敵わん、無理だ**」

私を含めた現役生たちとのレベルの差は歴然としていました。

とはいえ、私は浪人したくはありません。そこで考えました。

「自分が浪人生たちに比べて、〝現時点で〟優っている点はないか……？」

逆転した目的と手段

考え抜いた末、美大・芸大志望者の多くが力を入れていないであろう学科試験と、もともと得意な小論文なら勝負ができる、と思い至りました。

となれば次は「**実技試験の配点比率が低いか、実技試験自体がない**」かつ「**学科と小論文の配点が高い**」学部・学科を探し始めます。このフィールドで戦って、美大・芸大現役合格をもぎ取る作戦です。

リサーチの結果、いわゆる現代アートを扱う「先端芸術表現学科」や映画などの映像を扱う「映像学科」、WEBデザインやIT関連を扱う「情報デザイン学科」、美術の歴史を扱う「美術史学科」などが私の勝ち筋条件に該当しました。

高校3年生に上がるにあたり、美大・芸大予備校のコース選択の際、「油絵科」「日本画科」「デザイン科」「彫刻科」といった、ほとんど実技だけで選抜されるような本家本流のコースは避け、あまり人気もなく穴場だった「先端芸術表現学科」受験対策コースを選択しました。紆余曲折を省いた結末としては、「先端芸術表現学科」に現役合格することができました。

気づけば原点ははるか彼方

ところが、結局私は入学を辞退することになります。

きっかけは母の一言でした。

「大学を出ていない芸術家もいるし、大学を出なくても芸術家にはなれる」

ハッとしました。私は美大・芸大に**入学することが目的化していた**のです。

なんでもいいから、自分の強みを生かし、浪人せず、美大・芸大に潜り込めればいい、と思っていました。

私は、どこか懐かしい雰囲気を感じさせるような美しい絵画を眺めるのが好きで、よく美術館に通っており、「画家にでもなりたいな〜」と**無邪気に思った**のが出発点だったはずなのです。

「先端芸術表現学科」で扱う現代アートに、マルセル・デュシャンというアーティストの「泉」という作品があります。これを一言で表せば「市販の便器をひっくり返して美術館の床に転がしただけの作品」です。

誤解なきように申し上げると、デュシャンは20世紀を代表する芸術運動「ダダイズム」の中心実物のひとりであり、現代アートの開祖と名高い芸術家です。

この作品は背景の文脈・価値観を理解すればとても興味深いのですが、「どこか懐かしい雰囲気を感じさせるような美しい絵画」からは距離が離れ過ぎていました。

「理想の人生」を追求する手段だったはずのものが、いつの間にか、それ自体が目的化してしまう。これが「**手段の目的化の罠**」です。

未来を好転させるヒント⑫

出発点は正しくても、手段や中間地点の達成に目が行き過ぎる。すると、何のためにやっていたのかわからなくなる。

界隈をデザインしてコントロールする

「界隈マトリクス」で区分け

前置きが長くなりましたが、**自分をとりまく界隈を分析・コントロールし、より良い人生をつかむ**のがこの本のテーマです。

ここからは、現在の自分に、周りの界隈がどう作用しているのか、界隈ごとの特徴を分析し、さらにそれをコントロールするコツを伝授したいと思います。

これまで述べてきたように界隈は家族・友人・学校・職場・サークル……と千差万別です。これをひとつひとつ分析するのは骨が折れますので、読者の方それぞれに使えるモデルを用意しました。

名付けて「**界隈マトリクス**」です。マトリクスとは、あるテーマについて掘り下げていくときに、縦軸と横軸を使って情報を分けて分析する表のことです。

		将来	
		良い界隈	悪い界隈
今現在	良い界隈		
	悪い界隈		

さて、私が思うに、界隈にはざっくり「**良い界隈**」と「**悪い界隈**」があります。

さらに、それが「今現在」に影響するのか「将来」に影響するのかを、分けて考えたのがこの表です。

「**今に良い界隈**」というのは、充実した日々や、居心地の良さを与えてくれる界隈のことです。

リラックスできる界隈は、日々の幸福度に直結します。肌に合う雰囲気で、人間関係の不安がない職場や学校、家庭生活などですね。

もちろん、まったく不満がないということはないでしょうが、全体的に日々の満足度が悪くなければ、ここに分類して良いでしょう。

今さえ良ければ良い界隈？

しかし、ここからがとても重要なのですが、この「今に良い界隈」は**「将来に良い界隈」だとは限らない**のです。

皆さんも、将来には何の役にも立たなかったけれど、そのときはただただ楽しかった空間の思い出があるのではないでしょうか。

私でしたら、中学・高校時代に学校帰りに友達とたむろしたゲームセンター、その後に食べる明らかに身体に悪いファストフード、友人たちと楽しんだたくさんのテレビゲームや漫画、ダラダラ眺めたテレビ番組など……。挙げたらキリがありません。

大学時代はしょっちゅう友人たちと安酒を飲んでいました。今となっては誰と飲んでいたのか、何を話していたのか、覚えているのは一握りです。ただただ楽しかったという印象だけが記憶にこびりついています。もちろん、これらは人格を形成する大切な経験であり思い出です。

とはいえ、人間、こんな時間だけを過ごして世の中を渡っていけるわけがありません。

「今に良い界隈」の特徴は前述したとおり、リラックスできる、居心地の良い人間関係ですが、これらは幸福と同時に**「停滞」**や**「怠け」**を生みかねません。

飛び出すことも選択肢

「界隈マトリクス」において、今と将来を分けて考える必要があるのは、これが理由です。もしあなたの「本当の幸い」が、将来の夢や目標を実現することだとしたら、**「今に良く、将来に悪い界隈」**はマイナスに働きます。

私が10年以上勤めた会社を退社した理由が、まさにこれです。

10年も働いていると、職場が「コンフォートゾーン（居心地の良い空間）」になってゆきます。自分自身が職場に最適化されてゆくのです。様々な業務を経験し、だいたいの仕事の段取りや結果に予測が立つようになります。

うまくいったときのご褒美も想定の範囲内となり、失敗したときの取り繕いもお手の物です。要するに、**あまり物事を考えなくても生きていけるようになる**のです。

社内には頼れる仲間や上司がいる素晴らしい環境でした。ただ、それすらも怠けの原因となってしまい、私は、自分自身の成長スピードがどんどん鈍くなっていくのを感じていました。

そのまま定年まで真面目に、適当に仕事をしながらダラダラ居座っても良かったのですが、それは私の「本当の幸い」につながる道ではないと思い、ついに慣れ親しんだ界隈を飛び出すことにしました。

その決断は正しかったと思います。

残っていたらこの本を書くこともなかったでしょう。

未来を好転させるヒント⑬

界隈マトリクスを使えば自分の状況がわかる。良い界隈はずっと良い界隈とは限らない。

2つの「今に悪い界隈」

痛みなくして成長なし

さて、次に「**今に悪い界隈**」というのは、「今に良い界隈」の反対です。決してリラックスできる空間ではなく、肉体的・精神的に明らかに自分の負担になっている界隈です。書いているだけで気が重くなってきます。

さきほどと同じく、これにも2つの側面があります。

ひとつは「今に悪い界隈」であるものの「将来に良い界隈」。

人が成長・変化するときはたいていの場合、苦痛を伴います。勉強しかり、スポーツの練習しかり、仕事上の訓練など、**学びが大きいものほど、成長に伴う苦痛は大きい**でしょう。

私には2歳年上の兄がいます。

現在＼将来	良い界隈	悪い界隈
良い界隈		・仲間との楽しい時間 ・居心地の良い職場
悪い界隈	・厳しい習い事 ・仕事での修羅場	・不毛な仕事

年も近いので、よく肉弾戦の喧嘩になりました。

しかしそこは2歳差、なかなか勝てません。暇を持て余して私をいじめてくるのがたまらなく嫌でした。

我慢の限界に達した私は、小学校1年生の頃、母親に空手教室への入塾を直訴しました。空手は却下されましたが、代わりに**近所の剣道道場に通える**ことになりました。

30年前の町の剣道場ですから、体罰なんか当たり前です。現在では想像もつかない辛い稽古が始まりました。腕を骨折したり、頭が割れたり、画鋲を踏み抜いたりと痛い思いを重ねながらも少しずつ強くなり、10

年ほどは続けました。兄にちょっかいを出されることもなくなり、ど根性もついたので剣道には感謝しています。振り返ってみると、**「今に悪く、将来に良い界隈」**があの道場だったのだと思います。

ピンチのなかにチャンスあり

こうした鍛錬、修行の類いだけではなく、人間関係にもこうしたケースはあるでしょう。ハラスメントは論外ですが、人間同士、付き合いやすい・付き合いにくいといった相性は必ずあります。そしてなぜか、特殊な能力を持っている人ほど、取っ付きにくいキャラクターであることが多いような気がします。

そんな職人気質にも似た人と一緒に仕事をすると、気苦労が絶えません。しかしそういう人ほど良い仕事をするので実績は重なってゆき、最終的に信頼を勝ち取り素晴らしいパートナーになったりします。

これはプライベートでも同じです。一見取っ付きにくい人と何の因果か、長く関係を続けていたら誰よりも頼れる人になった、みたいな話もあります。

ところで、界隈の良い・悪いの基準は何でしょうか。これには残念ながら明確な答えはありません。主観的に、今と将来に対してどうなのかを決めているに過ぎません。

例えば、ビジネスシーンやプライベートで、不運にも「修羅場」に遭遇することがあります。たいていの人はなんとかして逃げ出そうとするわけですが、なかには「**ピンチはチャンス!**」と言わんばかりに突っ込んでいく人もいます。

特にビジネスシーンでは、電通第4代社長・吉田秀雄の行動規範「鬼十則」の一節「難しい仕事を狙え、そしてこれを成し遂げるところに進歩がある」のように、あえて火中の栗を拾うことで得られる信頼や成果・実績、次のステージへの切符というものが確実にあります。

もちろん、その切符に対してどれほどの価値を感じるかはあなた次第、いえ、あなたが今まで触れてきた界隈の常識次第です。

最低の界隈に見られる「ある特徴」

これまで紹介してきたなかでも最低・最悪なのは、「**今に悪く、将来に悪い界隈**」です。今が辛いだけでなく将来にわたり、ただただ苦痛がつのるばかりの空間。身を置く価値はゼロどころかマイナスです。

私がこの界隈に遭遇する機会が急増したのは、社会人になってからです。学生時代は自分の将来の役に立つと信じていろいろな苦労もいといませんでしたし、実際、そこでの経験に社会人になってから助けられました。

しかし社会人が受け取っているのは経験ではなくお金なので「将来に良い(経験になる)」とはお世辞にもいえない業務が次々に降ってきます。仕事の質が、職場という界隈を最高にも最悪にもするわけです。

最悪な職場によくある仕事が、**「ブルシット・ジョブ」**です。

ブルシットとは英語で「たわごと」「無価値」「くだらない」といった意味です。シットだけだと「糞」を指します。つまり「糞くだらない仕事」というわけです。

日本企業の生産性は主要先進国の中で非常に低いことで知られています。そして、その原因は膨大なブルシット・ジョブの存在にあると考えられています。

私が20代の頃は、徹夜で何十枚ものパワーポイント資料を作成させられたものです。

フォントの大きさが気に入らないとか、色使いが好みじゃないとか、本質とは外れたあいまいな指示で何度も作り直しを要求してくる上司には閉口しました。

他にも何も決めない会議を延々と繰り返したり、その議事録を一字一句作成させられる社員がいたりするなど、ブルシット・ジョブの見本市となっている会社が日本には多く残っています。

こうした組織は、業務1時間あたりの人件費がいくらかかっているかという生産性の計算が頭から抜け落ちているだけでなく、関わる社員たちが成長できたはずの時間、社会に貢献できたはずの時間をも奪っていることになります。**耐え忍ぶ価値はない**どころか、社会に損失を与えている界隈なので、さっさと脱出しましょう。

未来を好転させるヒント⑭

今に悪い界隈にも将来につながるものがある。将来性すらなければ即・脱出！

希少な「今にも将来にも良い界隈」

めったに見つからない最後のひとマス

さて、読者の方々は、マトリクスにもうひとつマスが残っていることにお気づきかと思います。

「**今に良く、将来に良い界隈**」です。

ほとんどの界隈は、今は心地良くても成長につながらなかったり、成長はできても現状は苦痛だったりしますが、ここだけは例外です。

どういうことかというと、「好きで好きでたまらないことを好きなだけ続けている」という今の状態に加えて、「その結果、その分野の第一人者となり社会的にも成功する」といったケースです。

成長に必要な練習や勉強での苦痛がなく、むしろ本人がそれを楽しんでおり、圧倒

現在＼将来	良い界隈	悪い界隈
良い界隈	・好きこそものの上手なれ	・仲間との楽しい時間 ・居心地の良い職場
悪い界隈	・厳しい習い事 ・仕事での修羅場	・不毛な仕事

的成長につながって将来大成功する、という界隈です。

いわゆる天職のことですが、「好きこそものの上手なれ」ということわざや「努力は夢中に勝てない」という元オリンピアンの名台詞がわかりやすいかもしれません。

「楽しんで学ぶ」のが最強

私が通っていた小学校は、テストもなければ通信簿さえもない、ゆとり教育全開の学び舎でした。

楽しくのびのびと、好きなことをとことん突き詰めて豊かな想像力を発揮してほしい、良くいえばそんな理念だったのだと思います。

しかし、テストも通信簿もない環境では、わざわざ努力することもなく、すすんで辛いことを経験することもありません。当然、学校という界隈は、私にとって次の2つのどちらかになります。

「今に良く、将来に悪い界隈」

「今に良く、将来に良い界隈」

そして悲しいかな、世の中には将来にあまり役に立たない刹那的な娯楽が、大量に供給されています。

どっぷりと「今に良く、将来に悪い界隈」、つまり怠惰に漬かる私を見かねたのか、母がある日スーパーファミコンのソフト「桃太郎電鉄」を買ってきました。プレーヤーが操作するコマを動かして、日本全国の県庁所在地や主要都市の駅を巡り対戦する双六のようなゲームです。

やがて我が家は連休があると家族で「桃太郎電鉄」をするのが習慣になりました。

私は教科書も地図帳もまったく読みませんでしたが、**いつの間にか日本全国の県庁**

所在地や主要な地名を覚えていました。

母が家庭を「今に良く、将来に良い界隈」にしてくれたわけです。私は味をしめて、歴史シミュレーションゲームの「信長の野望」や「提督の決断」で日本史の一部の時代だけ妙に詳しい子どもになりました。

弱みや苦手を克服する努力・苦労より、強みや得意なことを**夢中で伸ばす**方が楽しいですし効果的なので、こうした界隈に幸運にも出会えたときは、逃さず将来に活かすことをおすすめします。

未来を好転させるヒント⑮

今にも将来にも良い界隈は大変希少で貴重。界隈デザインのひとつの目的はこの界隈を見つけるなり、つくりだすこと。

4つの界隈を組み合わせる

ポートフォリオ・マネジメントとは

さて、界隈の種類を4つ見てきたところで、ここからはいよいよ、それらをどのように組み合わせれば良いか？　という話に入っていきたいと思います。

「今に悪く、将来に悪い界隈」からは、さっさと抜け出すのが唯一の正解です。しかし簡単に逃げ出せないから苦労するわけです。

「今に良く、将来に良い界隈」を見つけたら、できる限りその界隈に接する時間を増やすのが正解です。しかしそんなスウィートスポットに出会える人は稀ですし、見つかったとしても**持ちうる時間をすべて使えるものではありません**。したがって、これらの界隈を意識的にバランス良く組み合わせてゆくことになります。

ポートフォリオ・マネジメントという言葉があります。

ポートフォリオとは書類を入れるケースのことです。それが転じて、投資の世界で所有している株式などの金融商品の一覧を指す用語になりました。

そして、持っている金融商品の組み合わせのバランスを管理することを**ポートフォリオ・マネジメント**といいます。投資においてバランスは大事です。ある市場が大暴落しても、いろいろな金融商品を分散して持っていれば、ダメージを分散することができます。

そこで私が提唱したいのは「**界隈ポートフォリオ・マネジメント**」です。

投資家がいろいろな分野に投資を分散しバランスを管理するように、自分が接している・関わっている界隈のバランスを意識的に管理する試みです。今の居心地の良さと、将来性をバランス良く得ることで、「本当の幸い」に近づくことを目指します。

キャンパスライフで考えてみる

大学や専門学校などで、**授業を選択して時間割をつくる**作業を想像してみてください。必修科目を除き、どんな授業を選択するかは自由です。授業以外でも、課外活動

現在＼将来	良い界隈	悪い界隈
良い界隈		・楽勝講義A ・楽勝講義B ・楽勝講義C ・楽勝講義D ・楽勝講義E ・楽勝ゼミ ・楽しいサークル
悪い界隈		・楽勝で暇なアルバイト

の部活やサークル、インターン、アルバイト……選択肢は無限大です。

人は界隈からの影響を受けて人生を決めている。繰り返し述べてきたことです。

義務教育を終え、何に時間を使おうと自由になった学生は、**同時にどんな界隈と関係をもつか**も自由になったといえます。

今を最大限、ただただ楽しく過ごそうとするならば、界隈ポートフォリオはこんな感じになるでしょう。

出席は自由でレポート提出もなし、期末試験も楽勝な授業ばかりを選択します。

研究室（ゼミ）も当然、甘々な教授を先輩から聞き出して選択します。辛い体育会の部活などはどんなに勧誘されたとしても当然パス！　です。

サークルは自分と馬が合いそうな人たちが集まる、ゆる〜いサークルに入ります。

そこの先輩から楽ちんで割のいいバイト情報を聞き出しお金を稼ぎます。楽しいわけではなく、学びにもつながらないのでバイトは「今に悪く、将来に悪い界隈」です。

これであればモラトリアムを最大限に満喫できそうです。就職活動の時期になれば慌てるかもしれませんが……。

将来性も考えて組み合わせを編集

極端に今を重視し、「今に良く、将来に悪い界隈」に振り切った組み合わせの例を出しました。

ここから、**将来自分に必要だと思う部分だけを入れ替えていく**のが、「界隈ポートフォリオ・マネジメント」のひとつの手法です。例えば、将来は公認会計士の資格をとって金融関係の仕事をしたいなぁ……と漠然と思っていたとします。

であれば、財務会計の講義があればそれを選択します。毎週の実習や課題もあれば

現在＼将来	良い界隈	悪い界隈
良い界隈	・会計士サークル	・楽勝講義A ・楽勝講義B
悪い界隈	・簿記 ・財務会計 ・管理会計 ・ファイナンスゼミ	・楽勝で暇なアルバイト

試験だって難しいでしょう。サークルは会計士や税理士の資格勉強をするサークルを探して入ります。

こうしたサークルに所属することで同じ目標を持つ仲間とつながり、良質な参考書や効率的な勉強法などの情報を得られます。

こちらの学生はなかなか充実した生活を送っている雰囲気になりましたね。

もし、この学生が会計関連の勉強が好きで好きでたまらない！　という珍しい学生だった場合、左下に入れた要素はすべて左上のゴールデンゾーン「今に良く、将来に良い界隈」枠に入ります。

各界隈がどのマスに入るかという基準は

主観的なものですし、界隈から受け取る影響も日々変化するので、あまり厳密に考える必要はありません。

これらは授業やサークルの話であって界隈の話ではない、と思われるかもしれませんが、**まったく同じこと**です。講義で出会う先生や学生との人間関係、教室やサークルの雰囲気やそこで受ける刺激（ストレス）は人を確実に変えてゆきます。

つまり**界隈の影響力そのもの**です。

「界隈ポートフォリオ・マネジメント」は食生活の管理に似ています。

例えば、安くておいしいファストフードや脂こってりのラーメンばかり、毎日食べていたら、どうなるでしょうか。想像に難くありません。塩分や脂質の他、なんだかよくわからない添加物や化学調味料の過剰摂取で不健康まっしぐらです。

一流のアスリートは一食一食、何を摂取しているかに気を遣うといいます。

一方で、それなりに健康な身体で寿命をまっとうしたい一般人であれば、身体に悪いものばかりを食べ過ぎないように注意するくらいで十分でしょう。

別に月に1回、ファストフード店でトランス脂肪酸たっぷりのハンバーガーと塩分たっぷりのフライドポテトを食べても、普通はそれが原因で病気にはなりません。界隈性のマネジメントもそれと同じです。

その場の楽しさ、**居心地の良さを優先した付き合いも幸せな人生には必要**です。不毛な愚痴を言い合う同僚や友人との飲み会など、私も大好物です。

ただ、それを毎週繰り返すようだと考えものです。ハイペースに愚痴らないとやっていられないような職場や学校、家庭環境があるとしたら、それはその界隈の方に問題があるということです。

さて、「界隈ポートフォリオ・マネジメント」について、学生の時間割を例に説明しました。学生のように界隈をとっかえひっかえできる自由に恵まれた生活を送っている人は稀なので、現実的なマネジメント法を次項で解説します。

未来を好転させるヒント⑯

まずは楽しい界隈、居心地がいい界隈に特化する。その後、将来に役立つ界隈と入れ替えてゆくのもひとつの方法。

「心のシェア」で界隈を整理する

「限りある時間」のマネジメント法

先に挙げた学生のように、**ほぼ全部の自分の時間を自由に使える**人はごく限られています。そこで仕事に就いている一般的な人の「界隈ポートフォリオ・マネジメント」を考えていきたいと思います。

社会人ともなれば、生活のメインは仕事に割かれます。そうした人はアフター5や休日などの余暇時間を使って、界隈のバランスをとっていくことになります。

職場という、**人生にとって重大な界隈**が登場したので、ここからは界隈ごとの重みも考えてやっていきましょう。それぞれの界隈にどれくらい意識が割かれているかのマインドシェア（心の占有率、影響度）は数字にするのが難しいので、わかりやすく**時間で重みづけ**をしてみます。

今現在 ＼ 将来	良い界隈	悪い界隈
良い界隈	・家族，恋人（92h） ・フットサル（12h）	・愚痴り合う友達（12h） ・趣味（30h）
悪い界隈	・資格の勉強（30h）	・ブラックな職場（240h）

ここでは仮に、ブラックな職場で働く20代の社会人（男性）を想定します。

すでに結婚していますが、子どもはいません。生きるためなので嫌々仕事をしていますが、より良い職を目指して少しだけ資格の勉強をしています。

日々の楽しみはスマホゲームやSNS巡り。週に一度は気の合う同僚や友人と飲みに行きます。

週末には地元のフットサルチームで汗を流し、パートナーと買い物やデート等に出かけます。そんな彼が**1ヵ月間でそれぞれの界隈に費やす時間**を試算すると、こんな感じです。

（　）の中が月ごとに使っている時間です。

圧倒的なウエイトを占めているのは、やはりブラックな職場です。ブラックなので1日12時間労働（8時出社・21時退社・休憩1時間）で月20日勤務と考えて、合計240時間です。法定労働時間は1日8時間なので、時間外労働（残業）だけで80時間と、過労死の労災認定ラインギリギリです。

次に大きなウエイトなのが家族・恋人です。毎週日曜日は一緒に出かけたり、家でくつろいだりするので、1回12時間×4週間。土曜日は個別に活動しますが、家にいる時間も長いので平均して1回6時間×4週間。平日も1日1時間はパートナーと接するとして1時間×20日。

これらの合計が92時間となります。

趣味と資格はそれぞれ毎日平均1時間ほどとし、1ヵ月30日換算で30時間です。毎週1回の飲み会&フットサルは1回3時間とし、4週間なのでそれぞれ12時間ずつです。家事炊事・睡眠など、あまり他者と接しないシーンは割愛します。

シェアを見れば心の危うさも見える

表を眺めると、職場の240時間が突出していることがわかります。残業の80時間がなかったとしても160時間と変わらず、最大シェアです。

仕事の人生におけるウエイトがいかに大きいかわかります。より良い将来に向けた資格の勉強も、元来が勉強嫌いなので、今に辛い時間となっています。

仕事と勉強を合計すると、**毎月270時間くらいはストレスフルな時間を過ごしている**ことがわかります。しかし、幸いなことに家庭生活がうまくいっており、愚痴り合う友人がいて、健康にも役立つフットサルでストレスを発散することで、140〜150時間の心地よい時間を確保できています。

これらの界隈によって、辛うじて精神の均衡が保たれている状態です。

何かのきっかけでパートナーとの関係が悪化し、家庭が「**今に悪い界隈**」と化した場合、92時間ものウエイトが**「今に良い界隈」から「今に悪い界隈」に移ってくる**ことになります。

すると、月のほとんどの時間がストレスフルなものとなります。もはや幸せを追求するどころではありません。早々に夫婦関係を修復するか、離婚や退職など、緊急避難行動をとり「今に悪い界隈」を切り離す必要があります。さもなければ精神が保ちません。

このように表にしてみることで、**自分が拠り所にしている界隈、自分を追い込んでいる界隈**を明確にすることができます。

大きな負荷が気にならない人ほど要注意

さきほどの例の彼のように、長時間労働に代表されるブラックな職場は「今に悪く、将来に悪い界隈」と捉えている人がほとんどです。しかし、中には私のように**生活の大半がビジネスで占められていてもなんともない人**もいます。

実は、こういう人ほど要注意です。

私は大学卒業後、広告会社に入社したのですが、まずはカメラメーカーを担当する広告営業部に配属されました。学生時代にカメラマンとして活動しており、海外放浪の旅費を写真で稼いでいたりしたので、カメラに詳しかったのです。

この頃は**見るものすべてが新鮮で、夢中で働きました**。

朝9時頃に始業し、終電かタクシーで帰宅するのが当たり前の生活でした。1日15、16時間くらいは会社にいた気がします。タクシー代がもったいないので会社から徒歩圏内のマンションを借り、それでも飽き足らず、休日もしばしば出勤していましたが、まったく苦になりませんでした。

1日16時間労働、土日もどちらかは出社して8時間働くとすると、月の労働時間は350時間、もはや**仕事＝生活**です。それでも「今に良く、将来に良い界隈」だったので、日々充実感にあふれていました。

事件は入社して1年が過ぎた頃に起きました。

突然、物流企業を担当する営業部に転属させられたのです。私の営業マンとしての強みは、営業部内の誰よりもカメラに詳しく、カメラメーカーのクライアントと写真の話題で盛り上がれたことでしたが、物流業にはなんの知見もありません。

そこからは**地獄**でした。

最初の部署と同じようなワークスタイル・労働時間だったのですが、今回はなんのために徹夜しているのかわからないブルシット・ジョブ（92ページ）が激増したのです。

界隈マトリクス上では、仕事の位置する場所が「今に良く、将来に良い界隈」から「今に悪く、将来に悪い界隈」に、180度変わりました。

生活の大半を占有する仕事が、精神を蝕む時間に変わってしまったわけです。ストレス過多と睡眠不足で入社時点より20キロ以上太ってしまいました。

1年ほど経った頃、優秀な入社同期が同じ部署に異動してきました。同じ境遇の仲間ができたこと、単純に負担が分散されたことから正気を取り戻し、あの手この手でなんとか物流担当部署から脱出することができました。

脱出先の部署で私は活力を取り戻し、再び界隈マトリクスにおける仕事の位置が「今に良く、将来に良い界隈」へ戻り退社まで7年、充実した時間を過ごすことができました。

私はこのトラウマ的体験から、仕事をする際はその仕事（職場）が、自分にも同僚にも「今に良く、将来に良い界隈」になるように最大限の努力をし続けています。

主要先進国と比べても労働時間が異常に長い日本においては、**界隈マトリクスにおいて仕事がどの位置に置かれるか**が、人生のパフォーマンスに大きく関わります。

私の場合は転属という形で脱出しましたが、押しつぶされそうになったら迷わず職場＝界隈を捨てなければ、文字どおり人生、ないし命に関わるということです。

ポートフォリオ・マネジメントは投資用語だと先述しましたが、株式投資と同じで、界隈も**「損切り（予想が外れた際に損失を最小化すること）」は大切**です。

未来を好転させるヒント⑰

界隈マトリクス表に時間で重みづけをするとバランスが見えてくる。バランスが悪いようなら損切りを含めて界隈を入れ替えていく。

界隈の持つ個性「界隈性」を考える

あなたは「どう生きたい」か？

ここからは「界隈ポートフォリオ・マネジメント」をやってみるときの参考として、界隈の良い・悪いではなく**界隈が持つ「イメージ」について考えたい**と思います。これは、あなたが「どう生きたいか」というテーマに関わるものです。

人間に人間性と呼ばれる個性があるように、界隈には**界隈性とでも呼ぶべき個性**がありまず。この界隈性は、乱暴にいえば、洋服に似ています。

高級なスーツを着れば、たいていの人はパリッと決めたビジネスパーソンに見えます。山ガール系、裏原系、アキバ系など、**ファッションの系統名がそのまま界隈の名前になっている**場合すらあります。

あなたという人間の雰囲気や印象は、あなたが身にまとう洋服と同じように、身にまとう界隈のもつ界隈性の空気感とつながっています。

これら界隈性の違いは、前述したような良い・悪いではありません。

「**肌に合うか、合わないか**」だけです。

恋と界隈の関係性（57ページ）でも述べたように、ガリ勉青年はアメフト部の女子マネージャーにはモテませんし、「東京カレンダー」を愛読しているような女子大生にバンカラ学生はモテません。これは互いがまとっている界隈の界隈性がまったく合っていないために起きる現象です。

あなたが自由をこよなく愛する遊び人だったとします。

すると堅い家庭人が多い界隈は付き合いが悪く感じ、話も合いません。居心地が悪いでしょう。現代においてもいい年で独身だと、人間性に問題があるのではないかと陰で噂される界隈が未だに存在します。

逆もまたしかりです。

早くあたたかい、安定した家庭を築きたいと願っていたとしても、職場や居住地、交友関係が自由人の巣窟だとなかなか結婚できません。なんとかパートナーを見つけたとしても、自由人は束縛を嫌います。彼・彼女には結婚をはぐらかされ続けたり、浮気されたりとさんざんな目に遭うことでしょう。

このように**自分の理想の生活像と、身にまとっている界隈の界隈性が合わない**とき、人は不幸になりがちです。こうならないよう、界隈ポートフォリオ・マネジメントの項でも触れたように、参加する界隈のバランスをうまく調整する必要があります。

例えば、早く身を固めたいのに、職場にはイケイケドンドンのパリピしかおらず真剣な交際が難しい場合、プライベートは徹底的に家庭的な界隈に触れて、結婚を前提に真剣な交際ができる人を探すことになります。

真面目な社会人サークルやお稽古などに通うのも手ですし、友人のネットワークを借りて家庭的な界隈との交流を得てゆくのもありです。もっとも、家庭的な界隈はそもそも外遊びをしていない傾向があるので、ツテをたどって発掘する必要があるかもしれません。

一方で、いつまでも自由でいたいのに、周りはみんな所帯持ちという職場では、独身者は肩身が狭くなります。こういった界隈は公務員に多いかもしれません。

さすがに、昔と違って無理やり身を固めさせられることはないにしても、この界隈性に反発しても何も得られません。おとなしくやり過ごすことになるでしょう。そしてアフター5や余暇を目一杯楽しむことになります。

私たちは部屋着、普段着、仕事着、勝負服など、時々で様々なブランドの服を使い分けて自分を彩ったり、快適さを優先したりしています。同じように界隈も職場、家庭、余暇、趣味などで無意識に使い分けています。これを、洋服を選ぶように意識的にデザインすることで日々の満足度を上げることができます。

服を選ぶように界隈を選ぶ

この「界隈性を自覚する」というステップは、**人が自分で服を買うようになるプロセス**と似ています。

例えば、幼少期は、親がスーパーの衣料品売り場で適当に買ってきた特売品の洋服を、なんの疑問も持たずに着ています。

しかしやがて、自分の体格や容姿に似合う服は何か、自分はどうなりたいか、何を着ていったら場に馴染むか……などを真剣に考えてブランドの路面店やデパートで選び抜いて買うようになるでしょう。

洋服にピンと来ない方は自動車を想像してください。

トヨタに乗りたいのか、ベンツに乗りたいのか、アウディに乗りたいのか。ミニバンが良いのか、セダンか、スポーツタイプかSUVか。

自動車の車種とブランドは機能性もさることながら、強い個性を持っています。その個性を高いお金で買って所有し乗りこなすことで、ブランドを自分自身に投影し、「そういう自分」になってゆくのです。

見事に着替えた「あかもん」くん

私がこれまで見てきたなかで、もっともわかりやすく**界隈性を着替えた**青年のことをお話しします。

大学2年生の夏休みのこと。

私は山形県にある自動車学校の運転免許合宿に出かけました。山形ではありましたが、教習生の多くは夏休み中に運転免許を取得してしまおうという東京の大学生でした。夏真っ盛り、限られた時期に、同じ宿に、同世代の男女が集まるという、青春が起きなくて何が起きるのかという環境がそこにはありました。

同宿の教習生のひとりに**「あかもん」**とあだ名をつけられた東大生がいました。もちろん、東京大学の有名な赤い門が由来です。彼の見た目は、つやの良い真っ黒な髪のマッシュルームヘアー、チェックのシャツをチノパンにインしているという、中肉中背の、見るからにオタク・ガリ勉の「陰キャ」そのものでした。

私たちの宿は1階に食堂と、カラオケやテレビのある談話スペースがあり、2階から上にそれぞれの個室がある作りでした。自動車学校の授業は朝始まって夕方には終わるので、その後は時間が有り余っています。皆暇なので、近所のスーパーでお菓子やらを買ってきて、談話室で楽しく過ごすのが日課でした。

メンバーはといえば、金髪にタンクトップ、アクセサリーをじゃらじゃら付けたホスト風の学生もいれば、筋骨隆々の体育会系、とても大学生には見えないおっさん風など多種多様でしたが、**総じてチャラい「パリピ」で占められていました。**

あかもんくんも、ひとりで部屋にいても暇だからか、毎晩会話に加わっていました。東京では決して交わらない、まったく別の界隈に属する者たちの**異文化交流**がそこにはありました。

そんなある日、「ゲゲ（『ゲゲゲの鬼太郎』に由来します）」というあだ名の学生と私は、別の宿に泊まっている女子大生3人組に、授業の合間にナンパしました。うちの宿で毎晩カラオケしたりゲームしたりしているから遊びにおいでよ、と。

ゲゲはあかもんくんと同じ東大生ですが、こちらは超絶イケメン・茶髪の「陽キャ」でした。そのゲゲの巧みな話術で無事了解をとりつけました。しかし困ったことに、彼女らを離れた宿まで自転車で送迎する人数が足りません。

そこで、たまたま見つけたあかもんくんに、女子大生を乗せて自転車を疾走させるようリクエストしたところ、即答でOKでした。

その後は女子大生3人組と、同宿の大学生たちを巻き込んで花火をしたり、肝試しをしたり、トランプやカラオケをしたりして楽しんだのでした。

ゲゲは自動車学校に入学するタイミングが早かったこともあり、私たちより早く卒業していくことになりました。卒業前夜、いつもどおり宴会をし夜も深まっていくなか、いつも早めに寝てしまうあかもんくんが最後まで残っていました。

3人で女の子を乗せて山形の田舎道を自転車で走った思い出を語っていると、口数の少ないあかもんくんが口を開きました。

「**俺、生まれて初めて青春したよ。本当にありがとう。こんなの初めてだったんだ**」

その目はうっすら潤んでいました。

ゲゲが笑いながら言いました。

「あかもんはまず髪型と服を変えた方がいい。俺の実体験だけど、見た目が変わると周りからの扱いが変わる。そうしたら、**付き合う相手も変わる。そしたら自分も変わる。**また青春できるよ！」

その後、私も卒業し、あかもんくんとは疎遠になりました。交流が続いていた友人から聞いた話では、彼は帰京後、凄まじいイメチェンを遂げ、自分でサークルを立ち上げ代表を務め、非常に可愛い彼女もできたとのことでした。

猛勉強に次ぐ猛勉強で東京大学に入学し、そこでも勉強に明け暮れていたあかもんくんは、たまたま山形県の運転免許合宿で、今まで交わってこなかったいろいろな界隈性をまとった同世代の仲間たちと濃厚に交流したことで、「**ここで生きたい！**」という界隈性を見つけたのだと思います。

そしてゲゲのアドバイスどおり、自分の殻を破り、まといたい界隈性にふさわしい洋服を買い、美容院に行き、一緒に界隈を紡いでくれる仲間たちとサークルを立ち上げ、青春を謳歌し恋人を得たわけです。

あなたが最初にまとっている界隈は、だいたい親から与えられたり、その延長線上にあるものが多いのです。

それで死ぬまで幸せなら良いのですが、もしそうでないなら、着古した服は脱ぎ捨てて、好みの服を着て外に繰り出しましょう。

未来を好転させるヒント⑱

界隈には良い・悪いだけでは測れない界隈性がある。
肌に合う界隈性に出会うことが幸せへの近道。

参加が難しい「レア界隈」攻略法

参加チケットが必要なケース

もうひとつ、理想の「界隈ポートフォリオ」を考えるうえで、おさえておかなければならないことがあります。それは、**界隈に加わる難しさと、質の見極め**です。

まずは加わる難しさについてです。

ここでは、原宿界隈や新宿ゴールデン街界隈、匿名掲示板界隈といった、誰でもその日から参加できる界隈や、家族ひいては日本国といった、生来的な本人の意志ではどうにもならない界隈は問題にしません。

世の中には、自身の界隈ポートフォリオに加えるまでに、**いくつかの関門が用意されている**ものが数多くあります。

身近でわかりやすい例を挙げれば大学でしょう。

優秀な学友・教授陣、第一線の研究者に囲まれて、切磋琢磨する日々を過ごしたい！と思ったとします。

当然ですが、こうした環境は人気が高く競争も激しくなります。結果、猛勉強して受験戦争に勝利するしかありません。

ちょっとやそっとでは入れない界隈を目指す場合、「**バックキャスティング**」という方法が求められます。これは、**ゴールに向けてどのようなステップをたどれば良いのか、逆算して計画していく**手法です。スポーツと同じで、基礎の練習から始めて、いくつものステップの先に大会優勝などの目標があるわけです。

昭和後期の日本人男性の人生観を例にするとわかりやすいのですが、彼らはたいてい、「一国一城の主」としてマイホームを持ち、専業主婦と子どもを養う生活が当たり前だと思っていたと聞きます。

これを実現するためには、給料の良い仕事をする必要があります。すると良い会社に入りたくなります。そのために良い大学に行きたくなります。

良い大学に入るためには良い高校で質の高い教育を受け、ハイレベルな学友と競い合った方が圧倒的に有利になります。公立高校を想定すると、良い公立高校に入るためには中学校の内申点が求められます。そのためには中学生活において……というふうに、むろん現在では崩れつつある人生のレールですが、バックキャスティングとはこのような考え方です。

すぐにはたどりつけない界隈に行きたい場合は、このような「**界隈の階段**」を登らなければならないことを想定しましょう。決して簡単ではない長い道がゆえに、先に触れた「手段の目的化（73ページ）」も起きやすくなるので、これにも注意しましょう。

見極めが難しい「ニセモノ界隈」

さて、次に界隈が持つ界隈性の見極めの話をしましょう。

例えば、あなたが起業を目指しているとして、多かれ少なかれ、同じように起業を目指す人たちの集まりに顔を出すことになると思います。「起業家界隈」に入るために、「起業家〝志望〟界隈」のステップを踏むわけです。

しかし、ここで注意しなければならないのは、「〝なんちゃって〟起業家志望界隈」

だったり、「起業家〝ごっこ〟界隈」も存在するところです。

全国大会優勝を目指す体育会テニス部と、飲み会のついでにテニスをする程度のサークルくらい違いがあるのですが、なかなか外からは判別できません。入ってみて「**本気度**」を判断するしかありません。

人間にしても、容姿が良く、スペックも悪くない、なかなかの優良物件だと思っていたが付き合ってみたら微妙だった……みたいな話をよく聞きます。人も界隈も付き合ってみないと中身はわからないということです。

「**なんちゃって界隈**」を見抜くコツとしては、さきほどのケースでいえば、彼ら・彼女らが、自分たちをあくまで起業家〝志望〟サークルだと自覚し、現状を通過点と捉えているかどうかです。

ニセモノの場合は、「サークルのノリや雰囲気が好き」「起業家を目指している自分カッコいい」「既存の枠組みにとらわれない自分イケてる」のように、現状の自分たちに満足しているでしょう。なので、居心地の良いその界隈に長時間ダラダラと滞留しています。そのような兆しを感じたら、すぐに脱出しなければなりません。

これまで述べてきたとおり、界隈の怖いところは知らずしらずのうちに、**周りの水準に自分が同化していってしまう**ことです。違和感を放っておくと、いつの間にかあなたも〝ごっこ〟界隈の自覚なき一員になってしまいます。

これは起業に限らず、あらゆる分野でいえることです。

「小説家になりたい」「アイドルになりたい」「学者になりたい」、なんでも良いのですが、「今に良い」だけの「同好会」なのか、「将来に良い」ことを目指す場なのかを見極め、選ぶことが大切です。

「高級・低級」の区別はない

この項の最後にお伝えしておきたいのは、界隈には**参加する難易度の違いはあっても、価値としての高級・低級はない**、ということです。

レアな界隈はなぜレアなのかというと、多くの場合、競争率が高いからです。

少ない席にたくさんの人が押し寄せるのは、それだけお得なことが多いからです。お給料が良かったり、メンバーが自分の役に立つ人ばかりだったり、さらに先の界隈を目指せる、などいろいろ特典があります。

だからといって、万人にとって幸せにつながるかというと、そうではありません。

さきほど少し触れたように、私は小学校1年生から剣道を習っていました。

小学生時代は町の剣道場に通っていましたが、中学入学と同時に岐路に立たされました。そのまま**町の剣道場に通うか、中学の剣道部に入部するか**です。

町の剣道場の稽古は凄まじく厳しかったのですが、指導は的確で、館長がコーチを務める大学の剣道部はあるリーグで全国優勝者を輩出していました。

かたや中学の剣道部には、顧問の先生はいるもののコーチはいませんでした。練習に混じる大人といえば、土曜日に近所の在校生の父親が汗を流しにやってくる程度で、特に指導を受けた記憶もありません。

もし私が剣道を極め、全国大会を目指すのだとしたら、どちらで稽古を積むべきかは明白です。地区大会を突破し、全国大会に出場すると「〇〇中の蓮村」と名前が通りはじめ、レアな界隈のメンバーになれるかもしれません。

しかし、私は剣道に人生をかける気もなく、学校で友人が欲しかったため、中学入学後は学校の剣道部に入りました。剣道界隈における上位レア界隈への道は捨てたわけです。私はこの選択をまったく後悔していません。

剣道部で共に汗を流した友人たちとは、高校卒業・大学入学・就職といった変化を経ても、お互いの結婚式に出席するなど、未だに交流があります。このままいつか葬式にも出席しそうな、**一生ものの付き合い**を得ました。

当時の私に深い考えがあったわけではありませんが、界隈の競争率にとらわれず、自分の幸せを第一に考えて、ベストな選択ができたと思っています。

スポーツの成果に限らず、学歴、職歴、資格、すべてに言えることです。なんでもかんでも高級ブランドの服や小物で着飾ったところで幸せにはなれないように、本当の幸せはそんなに単純ではないということです。

未来を好転させるヒント 19

〝なんちゃって〟のエセ界隈に気をつけよう。界隈にはレアな界隈はあっても高級な界隈はない。

レベルが高過ぎるのも考えもの

水準が高いと何が起きる？

あなたに小学生の息子がいるとします。そして、自分が叶えられなかった**プロサッカー選手という夢を、息子に託している**とします。

あなたには2つの選択肢があります。

家のすぐ近くの河川敷の空き地で行われている、**地元のサッカー教室**に通わせる道と、自宅から車で30分かかる、よく整備されたグラウンドの、**Jリーグクラブ直営のスクール**に通わせる道です。

前者を指導するのは、地元の親父さんたち。一応体育会サッカー部出身のようですが、プロ経験はなく、すでにビール腹です。

後者は元プロ選手や、プロにも指導するコーチが教えてくれます。

さあ、どちらのスクールが我が子をより確実にプロへと導いてくれるでしょうか？

本書をここまで読み進めてこられた読者であれば、当然後者、Ｊリーグクラブ直営のスクールと思われたことでしょう。

人は界隈の水準に同化する――それは間違ってはいません。

おおよその場合は正しい選択となるでしょう。しかし、ここからが難しいところで、後者が万人に対して正解とは言い切れないのです。Ｊリーグクラブ直営のスクールには、それこそ「ガチンコ」な少年・少女が集まります。

親も本気です。１時間以上かけて通ってくる子どもも少なくないでしょう。我が子は、才能にも体力にも親の協力にも恵まれたチームメイトたちと競うことになります。

そうすると、**周囲の子どもたちを圧倒するという状況は、考えにくくなります**。それどころか、少しでも気を抜いて練習をサボると、ライバルに差をつけられてしまいます。厳しい練習に耐えて才能に磨きをかける日々が続きます。

では前者、地元の草サッカースクールの場合はどうでしょう。

たまたま近所に住んでいる子どもたちが参加し、運動がてらサッカーの練習をする程度です。肥満気味の子どもがダイエットとして通うケースもあるでしょう。

一時はサッカー選手を目指していたあなたの子です。暇を見つけて息子に指導してあげれば、すぐにチームのレギュラーどころか**エースプレーヤー**になれるでしょう。

客観的には後者のスクールで練習した場合よりも下手くそだったとしても、です。

自信を「計画的に」育てる

どんな分野でも、エースプレーヤーは気持ちの良いものです。

周囲と比べて自分が優れていることに対し、優越感や自己肯定感を得られます。

チームメイトからも褒められ、頼りにされます。

対外試合でゴールを決めて勝った日には家族中から讃えられます。

こうして、**自分に自信を与えてくれるサッカー**がどんどん好きになり、また練習に打ち込むモチベーションが育ってゆきます。そう、この状態は「界隈マトリクス」でいうところの「今に良く、将来に良い界隈」です。

一方で、Jリーグクラブの直営スクールに通っている場合はどうでしょう。同じくエースプレーヤーになれれば言うことなしですが、ライバルたちも優秀です。レギュラーの座すら至難でしょう。

そうして成功体験や自己肯定感を育てる機会のないまま、ひたすら厳しい練習に耐える状況が生まれてしまいます。これは界隈マトリクスでいう「今に悪く、将来に良い」状態です。

だからといって、地元の草サッカーチームでエースになるのがプロへの近道かといえば、もちろんそんなことはありません。ここは、界隈の水準が低過ぎるのです。

ここでエースを張ったとしても、井の中の蛙でしかありません。地元の〝神童〟が、サッカー強豪校で現実を見せつけられ挫折した、というのもよく聞く話です。

「じゃあ、どっちなんだよ！」

という読者の声が聞こえてきそうですが、**どちらのチームで得られる要素も人の成長には不可欠**と言うほかありません。界隈の水準に合わせてたくましく育つことを期待するのが基本的には正しいのですが、人は**成功体験や自己肯定感を育てる機会がないと、努力を続けることが難しい**のも事実なのです。

つまり、あなたの子どもは、どれくらい成功体験や自己肯定感が得られれば、厳しい環境でも努力を続けられそうか？　その人間性を見極めて考える、ということです。実際、プロスポーツ選手の来歴を見ても、その道のりは様々です。

弱小校だから選手たちで考えてトレーニングをせざるを得ず、結果的にオンリーワンの能力を手に入れられたり、強豪校で控えに甘んじながらも陰で努力を続けて、いつの間にかチームメイトたちを追い越したりと、それぞれの性格が環境と化学反応を起こしていることがわかります。

話が長くなりましたが、ここまでの「子ども」を**「あなた」に置き換えて**、身を置く界隈を考えましょう。ほかならぬあなたのことですから、自分がどうしたらモチベーションを保てる人間か、よくわかっているはずです。

未来を好転させるヒント⑳

基本的にはレベルの高い界隈＝良い界隈。
ただしレベルが高過ぎると大成する前に挫折する可能性がある。

ポジションに自覚的になる

自己肯定感を与えるポジション

前項のサッカースクールの例でもわかるとおり、界隈で**成功体験、自己肯定体験を得られるか**が、その後のモチベーションにつながる鍵でした。

自分のいる界隈内で他より比べて優れているか否かが、努力継続の要因となるわけです。いくら練習しても、いつまでも周囲より下手くそだったら、どんなにサッカーが好きでもやる気はなくなっていくでしょう。

もちろん、これはサッカーに限りません。

他のスポーツでも勉強でも仕事でも創作でも、なんでもそうです。何かしらが周りの人間より優れていたり得意だったりすることは、幸せを感じさせてくれます。

するとその界隈は「今に良い界隈」となり、私たちはもっと幸せを味わいたいというモチベーションから、他人より優れている分野をもっと伸ばして、その界隈における自分のポジションを確固たるものにしようとします。

学校でいえば、勉強が得意な子はテストで良い点をとって褒められると、勉強が好きになってますます良い点をとり続ける好循環が生まれます。勉強が不得意な子でも勉強はしないと叱られるので勉強を頑張りますが、それは「今に悪い、将来に良い界隈」です。

小学校時代を思い出してもらえれば、Aくんは算数が得意、Bちゃんはダンスが上手、Cくんは国語だけは抜群、Dくんは音楽の発表会で目立っていた……などクラスメイト**それぞれ得意なテーマ**がありませんでしたか？

子どもも本能的に自己肯定感、幸福感が欲しいので、クラスの中で自分がいちばんになれるテーマを探し、それが見つかれば伸ばそうとします。その分野で成長が見られれば、ますます気合が入るというものです。

しかし、小学校、中学校、高校、大学、社会人と年齢を重ねるにつれ、自分をとりまく界隈は更新され広がってゆきます。いつまでも同じ「ポジション」に座り続けることは不可能です。それでも精神の安定にポジションが必要なのは変わりません。

イスはたいていひとつしかない

ポジションは勉強の成績やスポーツのうまさ、仕事上のスキルなどに限りません。穏やかで話しやすい人、頼りになる兄貴分（姉貴分）、冷静沈着で頭脳明晰、甘えん坊の妹・弟キャラなど、**性格・キャラクターでもポジションは用意されています**。そしてこのポジションは、ほとんどの場合、手の届く狭い範囲のひとつの界隈に、ひとつしかありません。イス取りゲームのイスのようなものです。

「ドラえもん」ののび太の仲間たちを思い浮かべてください。キャラクターが被っている登場人物がいるでしょうか？　ジャイアンの他に、「名探偵コナン」の元太くんが交じっていたら強烈な違和感があるはずです。

人間には本能的に同じ界隈における「被り」を嫌がるＤＮＡがあるのかもしれません。自分のキャラクターや能力で、**うまく界隈内でイスが確保できている**と幸福度が上がります。居場所がある、一員になっているという感覚が満たされるわけです。

問題は、これが失われたときです。例えば、あなたが学生時代を通じてずっと英語が得意で、職場という界隈でもずっと英会話力を重宝されていたとします。

そこに帰国子女のネイティブスピーカーが転職してきたとすると、あなたのイスはあっさりと奪われてしまうでしょう。第二外国語として英語を話す者は、ネイティブスピーカーに英会話力で勝るのは不可能です。

あなたはその界隈に居続ける限り、別の分野で新しいイスを探さないと幸福感を維持できません。しかし必ずしも英語から完全に離れる必要はありません。「ネイティブほどではないが英語ができて、全般的に仕事が速く正確で、物事を頼みやすい頼りがいのある人」というようなイスを取りにいくのも可能です。

ビジネスの場ではざっくり分けると「**ジェネラリスト**」タイプの人と、「**スペシャリスト**」タイプの人がいます。

ジェネラリストはいわゆる「なんでも屋さん」で、仕事を前に進めるために必要なことはなんでもやる技能が求められます。専門的過ぎて自分が対応できないときは、専門家を探してきます。スペシャリストがこの専門家にあたります。特定の分野においいて専門的な知識・スキルを追求している職能の人ですね。

先述の例に戻れば、英語のスペシャリストは諦めて、スペシャリストの気持ちや能力を把握しているジェネラリストを目指すということです。それでも、同じ界隈で満足のいくイスを取れずに不幸感が拭えないようなら、界隈を移ることが求められます。

もっとありふれた例だと、いつまでも**「若くて勉強中の新入社員・新入生キャラ」**ではいられないという話です。当然ながら、毎年新入社員や新入生は供給されるので、いつまでもルーキーではいられません。

気づけばいつの間にか古参の先輩としての振る舞いを、界隈から求められる立場になっていたりします。どんな立場であれ、同じ界隈でずっと同じイスに座っているのは難しいということです。

未来を好転させるヒント 21

自分のいる界隈でイスを取れると幸せを感じる。しかし同じイスにいつまでも座り続けるのは難しい。

界隈における4種類の「イス」

集団に序列が生まれるのは必然

界隈の限られたイスをどう確保するか、もう少し掘り下げてみましょう。

界隈におけるイスは、おおむね4種類に分けられます。**リーダー**、**チャレンジャー**、**ニッチャー**、**フォロワー**です。

リーダーは**界隈の主導権**を握っていて、様々な面で優秀で、界隈のメンバーからの評価・人望も厚い人がこのイスに座ります。界隈が持つ界隈性に大きな影響力を持ちます。

チャレンジャーは**リーダーに次ぐ界隈の実力者**です。発言力や影響力が大きく、リーダーには一歩及びませんが、その界隈において評価されるキャラクターや能力が高水準にまとまっています。またリーダーには欠けている分野の能力が高いことが多く、うまく差異化されています。

ニッチャーは、界隈においてそれほど重要視されていない、**マイナー分野の能力に著しく秀でている**ポジションです。ニッチャーはニッチの派生語で、ニッチとは「隙間」という意味です。

中高生であれば主要科目の成績や容姿、運動能力やキャラクターの面白さは平々凡々ながら、将来なんの役に立つかわからない**マイナーな不人気科目がずば抜けて得意**な人です。あまり人気のないスポーツや趣味に異常に精通している人もここに当てはまります。何かの拍子に、たまたまその分野にスポットライトが当たると大活躍します。

フォロワーはいわゆる〝モブキャラ〟です。その界隈の主要構成員で、最大派閥です。ここで注意したいのは、あくまで「**この界隈にとって**」のモブキャラです。個性や特徴のない人間は存在しないので、あくまでその界隈で評価されやすい特徴や能力に欠けるか、その界隈ではアピールしない方が良い個性を持っているのです。

事情があってその界隈で目立ちたくない人、すでにその界隈に見切りをつけていて適当にやり過ごしている人も含まれます。図にするとこんな感じでしょうか。

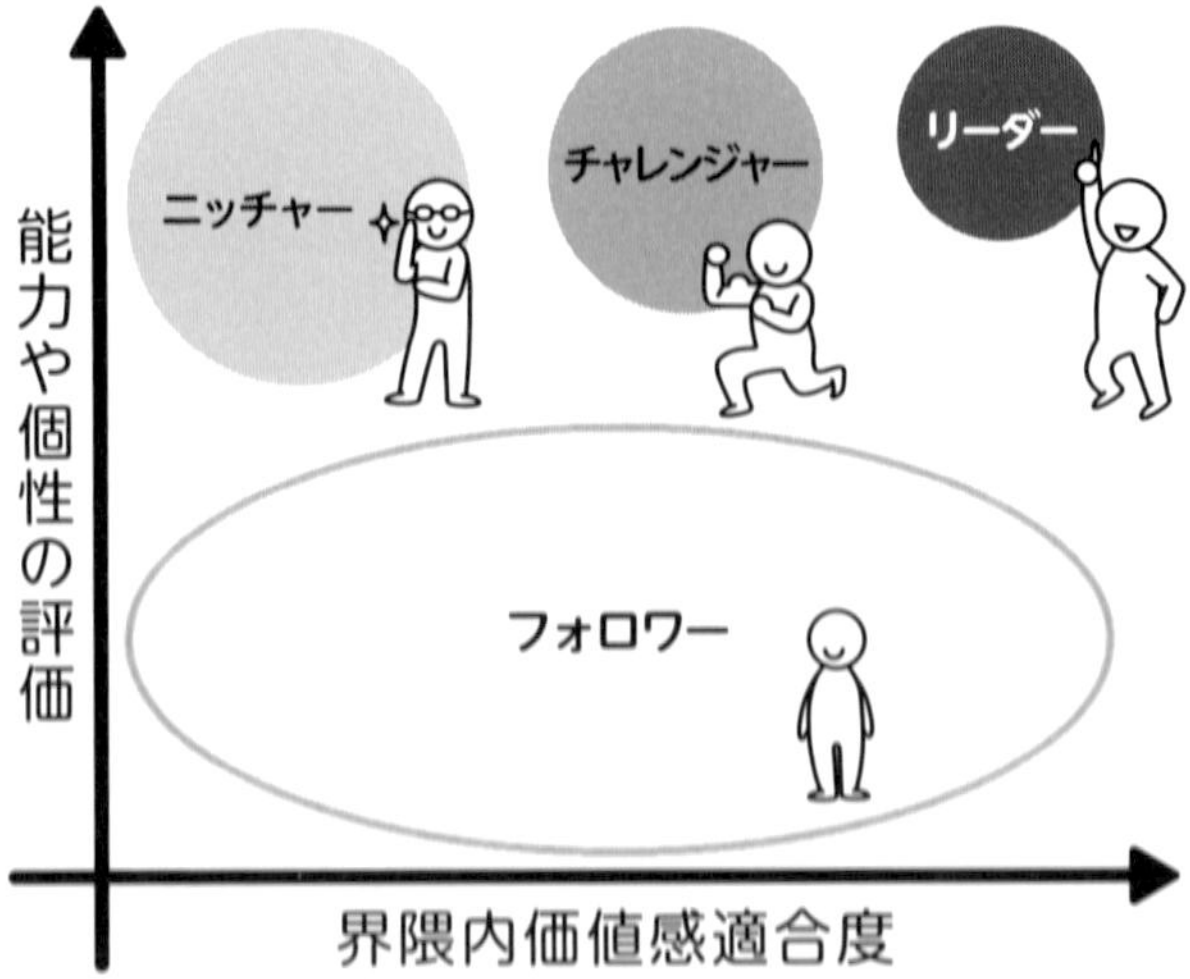
能力や個性の評価
ニッチャー
チャレンジャー
リーダー
フォロワー
界隈内価値感適合度

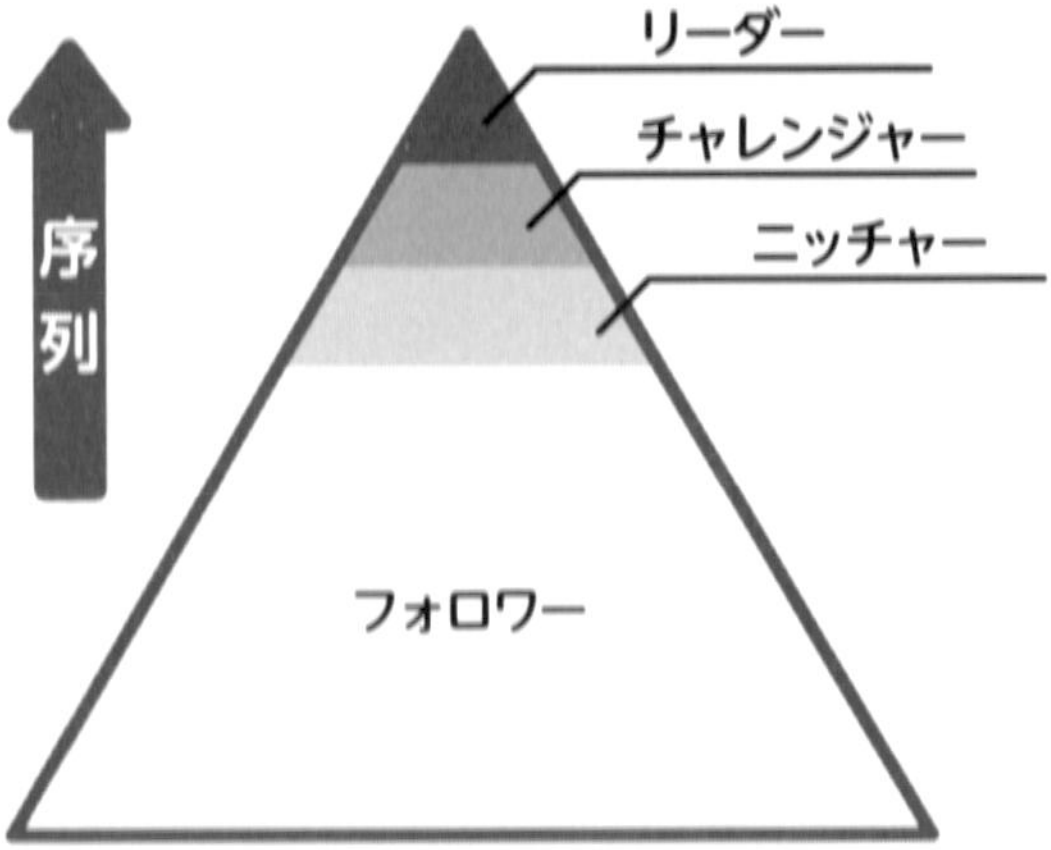
序列
リーダー
チャレンジャー
ニッチャー
フォロワー

「界限内の価値観との適合度」と、**「能力や個性の評価の高さ」**の2軸で自分の位置するポジションが見えてきます。当然ですが、その界隈で主流の価値観における能力や個性の評価が高いと界隈内の序列の上位に位置することができます。

人間は徹底的に社会的な動物と表現される生き物で、どうしても集団で序列をつくってしまいます。学校でいえばスクールカーストです。言うまでもないですが、序列はリーダー↓チャレンジャー↓ニッチャー↓フォロワーの順になります。

この序列が低いと、界隈にいることが幸せにつながりにくくなります。**成功体験を積めず、承認欲求も満たされない**ためです。

主役になれる「メイン界隈」を持とう

能力は訓練で向上しますし、界隈内の価値観も時とともに変化するため、イスも固定されたものではありません。しかし基本的には自分が活きる場所、必要とされる場所に意識的に身を置くことが幸せにつながります。

何も、**界隈を引っ越すことだけが解決法ではありません。**

現代は、硬い言葉を使えば「ダイバーシティ&インクルージョン」を尊きものとして扱う社会です。要するに、昭和の時代は皆同じような価値観で生きていたのが、現代は多様な価値観を認め、互いにそれを尊重するようになってきた、ということです。

昔は「一億総中流社会」と呼ばれる時代があり、みんなテレビや新聞で情報を得て、似たような話題を話しながら似たような日々を過ごしていました。

現代ではテレビや新聞を見ている層は高齢化しており、若者はインターネットですべてを済ませます。このインターネットも多種多様で、YouTubeやTikTok、ABEMAのような動画系から、Instagram、Facebook、「Twitterのような SNS系、ヤフーニュースや匿名掲示板とそのまとめサイト、などなど多岐にわたります。

情報の流通経路の拡散が進んだことによって、様々な価値観が枝分かれし、多様な界隈性の界隈があっちこっちで生まれる時代となりました。

かつては、良い大学に入り、良い会社に入ることが人生の「正解のレール」だと多くの人が思っていたので、どの界隈でも「お勉強の出来」や「有名大学や有名企業」といった要素が、序列について回る風潮があったといえます。

世の中全体で唯一正しいとされる価値観があり、それを元に最上位から末端までの序列（ヒエラルキー）が決まる、このような界隈はさながら宗教建築のカテドラル（大聖堂）のような構造です。

時代はカテドラルからバザールへ

一方、現代はみんなが、自由気ままにやりたいことをやる社会です。思い思いに広場で風呂敷を広げて商売を始めるバザールのような構造といえます。

この指とまれ！　と趣味趣向や考えを提案し、気の合う仲間が物理的な距離を越えてオンラインでつながり合い、界隈をつくる時代です。

時代はカテドラルからバザールへ、一般常識という幻想が覆う大きな界隈から、**実に多様な考えで中小の界隈が乱立する世界**へと分化しています。

このバザール化してゆく社会において、私たちは界隈性のデザインがとてもやりやすくなったと言えます。学校や企業の保守的な界隈の水が合わないときは、自分の存在を極限まで消して空気のように振る舞い、**フォロワーとして最低限の卒業資格や給**

料を手に入れることを目指します。

会社での働き方でいえば、こうした振る舞い方は「**静かな退職**（Quiet Quitting）」として欧米で流行しています。決して無理な働き方をせず、契約にそった働きだけをして、それに見合った給料をもらえれば良いという考え方で、まるで退職したかのような精神的余裕を得られるそうです。

このスタンスであれば会社からのプレッシャーを苦にして命を絶つような、あってはならないことも防げる気がします。

現在は政府が副業解禁をガイドラインに定めており、コンプライアンスを守っているまともな企業は、おおむね副業を解禁しています。この「静かな退職」を究めて、**自分は別の界隈で主要なイスを手に入れる**のも良いかもしれません。

違った界隈に目を向けることを恥に思う必要はありません。

働きアリの法則（2：6：2の法則ともいいます）と呼ばれるものがあります。

アリの集団は上位20％のよく仕事をする優秀なアリたち、中位60％の平々凡々なアリたち、そして下位20％の落ちこぼれアリたちに分かれるという法則で、実際に観察され論文にまとめられているようです。

この法則の面白いところは、下位20％のアリを取り除いたところで、今まで働いていたアリの中から新たに20％くらい怠けアリが生まれる、というものです。

アリの世界をそのまま人間に当てはめるのは乱暴かもしれませんが、生き物の群れではどうあがいても20％の落ちこぼれが生じるものなのかもしれません。であるならば、あらゆる界隈で私たちはこの下位20％の押し付け合いをしているとも言えます。

そして、それに**無理に付き合う必要はありません**。

あなたが輝く界隈は必ずどこかにあり、給料や卒業資格など、フォロワーとして耐える価値がない限り、居心地が悪い界隈に居続ける必要はないということ。これが本章の「界隈ポートフォリオ・マネジメント」の結論です。

未来を好転させるヒント 22

肌が合わない界隈は去るのが吉。去らずとも息を殺して別の界隈にも属せば良い。

第4章

転機のない人生はだいたい不幸

界隈の転機は人生の転機

ドラマのような事件

人には、それぞれ**人生の転機**というものがあります。

良い方向にも悪い方向にも、ドラマのように生き方が大転換します。

この人生の大転換とはつまり、その人自身の界隈が突如大きく変化したということです。


「生涯の恩師・上司・親友に出会った」

「一生の目標としたい作品を見た」

「かけがえのないパートナーと巡り会った」

今までなんの変哲もなかった日常の界隈に、突然今までとは全く違った要素が飛び込んでくるわけです。その新しい存在は、あなたの身にまとう界隈を大きく変化させたり、全く異なる界隈に連れ出してくれます。

そしてその先に、見たこともない景色を見るわけです。

この章ではお金や恋、生き方といった観点で界隈を変えると、どのような人生の転機が起きうるのか、考えていきたいと思います。

ブロイラーのような日々

私の場合も振り返ってみると、たしかに人生の転機がありました。

それは「大学デビュー」や「社会人デビュー」といった、ありふれたライフステージの変化というタイミングではなく、**一種の不意打ち**でした。だからこそ、深く心に刻まれたのかもしれません。

高校時代、私は鬱屈した日々を過ごしていました。

剣道部の練習はそれなりに充実したものでしたが、それ以外は毎日繰り返される面白くもない日常の消化試合、勉強にも悪事にも興味が湧かず、ただただ手軽な娯楽や暇つぶしばかりを求め、ルーチン化された生活を繰り返していました。

私がリア充界隈と縁遠いためか、映画や漫画に出てくるような胸の躍る青春を過ごしたという方に、今まで出会ったことがありません。多かれ少なかれ思春期というのは、皆さん陰鬱な時を過ごされているのかと想像します。男子校だったので色恋沙汰とも無縁でした。

そんな屈折した狭い界隈に骨の髄まで漬かっていた心境を、当時仲の良かった同じ境遇の同級生がうまいこと言い表していたのを覚えています。

「俺たちはブロイラー（食用鶏）みたいなものさ。与えられた餌を食らって糞して寝るんだ」

「俺は将来、宇宙飛行士になる」

そうしてダラダラと青春時代を浪費していた高校2年生の夏、まったく勉強をしない、特に英語がてんでダメだった私を、親が見かねて**スパルタの英語合宿**に放り込みました。

どこかの予備校が主催し、伊豆のぼろい研修所に1週間缶詰となって、英語を朝から晩まで学習する催しです。

ここには、全国の高校から生徒が集められており、いわば**ひと夏の即席界隈**が形成されたわけですが、ここで出会った高校生たちが私の界隈の殻をぶち壊し、人生観を変えることになります。

まず、彼ら・彼女らは気持ちが悪いくらいに前向きでした。

最初に仲良くなった男は「MIT（マサチューセッツ工科大学）に留学するために英語を頑張っている」という工業専門高校の学生でした。

「俺は将来、宇宙飛行士になる。英語が重要だからわざわざ仙台からこの合宿に来た！」と臆面もなく壮大な夢を語る、少年漫画から飛び出てきたような男もいました。

他にも信じられないほど目をキラキラさせて夢を語る、同世代の高校生男女がゴロゴロいました。

「餌を食らって糞して寝る」毎日を繰り返していた自分にとっては、まさに未知との遭遇でした。とても同じ人間とは思えず、最初は気持ちの悪い自己啓発セミナーの参加者を見るような目で眺めていました。

しかし、「意識高い」どころか、なんなら能力も意欲も非常に高い同年齢の男女に、朝から晩まで囲まれて1週間を過ごすうち、私の心境にも変化が生じてきました。

合宿中には**「なぜここに来たのか」「将来の夢は何か」**などと誰からともなく、夜な夜な語り合う時間がありました。将来は時間が勝手に向こうから運んでくるもの、夢は寝たら見るものだと思っていた私は、何も語るべきものを持たず、「……世界一周をしたい」と適当に答えました。

そして、ただただ周りのアツアツの情熱から発せられるクサイ言葉の数々に耳を傾けていました。聞いているこちらが恥ずかしくなるような話を聞いているうちに、ある思いが頭をもたげました。

「あちら側の方が面白そう」

自分の高校生活を恥じ入ったわけではありません。ただ、これまでの界隈より、彼ら・彼女らのいる界隈の方が楽しそう、あちら側で生きたい！　という気持ちになっていました。

この経験で私は、「餌を食らって糞して寝る」人生とオサラバをしました。

淀んだ水はやがて腐る

帰京後、私はこの英語合宿で出会った人たちとの接触時間をできるだけ増やしたい、恥ずかしげもなく夢を語るオーラを浴びていたいと思い、その後も連絡を取り合いました。

地方のメンバーが上京するときは、必ず会席の幹事を率先して引き受けました。この頃から、私は**人生の歯車が世の中とかみ合い、ゆっくりと回り始めた**ように思います。

人生のステージの変化を経て、さすがに定期的に集まることはなくなりましたが「宇宙飛行士になる**！**」と宣言していた彼とは、20余年経った今でもたまに飲みに行くことがあります。

改めて、繰り返しになりますが、私は「人生はだいたい他人のせい」だと確信をしています。人生が腐るのも、息を吹き返すのも界隈の影響次第だと、体感しているからです。

「流れる水は腐らず」のことわざの逆となりますが、**同じようなメンバーがずっと滞留している界隈は淀んで腐っていきます**。さらに、人はずっと臭いに包まれていると嗅覚がマヒしてきます。

私もそうでした。外の世界を知らず、経験不足だったあの頃、学校という閉鎖空間に満ちていた臭気に、私はまったく無自覚だったのです。

今では、私はドキドキが止まらない界隈と、そこにいるはずのアチアチのオーラを身にまとっている人を探し回るのがライフワークです。

そして、そんな人が夢に一歩近づくお手伝いをします。この人が自分の夢に近づいたとき、どんなふうに輝きを増し、その界隈はどのように好転するのだろう？　とワクワクします。

未来を好転させるヒント㉓

人生の転機は界隈が劇的に変化したときにやってくる。流れる水は腐らず。人の流れない界隈は淀んでいく。

お金を生む場所・使う場所

お金持ちが集まる界隈がある？

53ページでお金や収入という概念のあやふやさを説明しましたが、とはいってもお金は多いに越したことはありません。**界隈のデザインは収入アップにつながらないのか？**　と疑問を持つ読者のために、その方法について、少し探っておこうと思います。

お金持ちになることが「本当の幸い」だと確信した場合、お金持ちを目指して界隈を転換していくわけですが、勘違いしてはいけないのが**「お金持ちの集まる界隈に入り込む」ことが「お金持ちになる手段」とは限らない**ことです。

お金持ちと、彼らが属する「お金持ち界隈」の関係は、ちょっと難しい言葉を使うと「相関はあっても因果はない」、つまりお金持ちがただ集まっているだけで、それがお金持ちになる理由とは関係がない場合があります。

もしくは、「因果が逆」、つまりお金持ちだからそこに集まるのであって、そこにいるからお金持ちになったわけではない可能性があります。

典型的な失敗例としては、「シロガネーゼに憧れて白金に住んでしまった家族」が挙げられます。憧れの白金に移り住んだものの、ご近所さんやママ友付き合い、子どもの塾・習い事にお金がかかり過ぎ、泣く泣く撤退……という記事を読んだことがあります。

この失敗の原因は単純です。

白金という界隈は「お金を稼ぐ」という営みとはあまり関係がなく、むしろ「お金を使う」方に関係した場だったのでしょう。

少なくとも、お金持ちになるために、目指すべきお金持ちたちがいる界隈を探すのであれば、彼らがお金を使うために所属している界隈ではなく、**お金を稼ぐために所属している界隈**を見つけなければなりません。

ここを履き違えると、「少ない収入で高い支出」という地獄を見ることになります。

合理的だった「港区女子」

お金持ちになるために、お金持ちがお金を使っている界隈に入るのは本末転倒、という話をしましたが、**彼らとつながる、ないし彼らからお金をもらうことが目的**であれば、この選択は正解となります。

「港区女子」と呼ばれる人々がいます。

一般に港区でお金持ちに囲まれ、華やかな生活をしている若い女性たちを指すとされます。彼女らの目的のひとつに「**ハイスペックな結婚相手探し**」があるとされています。この目的のために、港区界隈に所属するのは非常に理にかなっています。

港区の平均年収が日本一なのは53ページで述べたとおりです。

「ハイスペック」が年収を指すのであれば、日本国内であれば港区で探すのがいちばん手っ取り早く、効率的なはずです。

もし自分の所得が足りず、活動資金をパトロンに頼らざるを得ない場合も、港区のような「**お金持ちの多い界隈に行く**」のは大正解です。相手が十分なお金を持っていなければ、そもそも支払い能力がありません。無い袖は振れぬ、というやつです。彼女たちからの学びは、「**お金を得るならお金持ち界隈からもらうのが手っ取り早い**」ということです。乱暴なようですが、就職活動で働く界隈を探す際も同じことです。

給料をたくさんもらえる会社を探す場合、そもそも会社が儲かっていないと話になりません。当たり前ですが、給与所得を上げるには「儲かっている会社に入る」か「今いる会社を儲けさせる」の二択です。前者は給与の良い会社への就職・転職、後者は今いる会社を成長させ、その功績で出世して給与も上げるような話です。

給料、少し専門的に言うと人件費は、売上に対する費用（コスト）です。そもそもの売上が少ないと十分な費用を支払えないので人件費も低くなりがちです。売上が低いのに費用ばかり高いと会社は赤字になり倒産してしまいます。

未来を好転させるヒント 24

お金持ちがたくさんいる界隈がお金持ちを生む原因とは限らない。お金は持っている人や会社からしかもらえない。

ビジネス界隈にあるハワイと北極

どの界隈でお金を稼ぐか？

引き続き働く界隈を選ぶときの話をします。

一橋大学の楠木建教授の名著『ストーリーとしての競争戦略―優れた戦略の条件』（東洋経済新報社）に、興味深い記述があります。

あらゆる企業は、その事業環境を「**南国ハワイ**」から「**極寒の北極**」まで例えられる、というものです。教授によると、なんらかの参入障壁や独占的な権益などを有し、利益を守られている企業が南国ハワイです。

ハワイでのんびり暮らすように、**黙っていても儲かる競争のない環境**です。

一方、厳しい競争に晒され、低利益率（売上に対する利益の割合）の経営を強いられている場合が、「極寒の北極」です。北極の自然は厳しく、放っておくと凍死しますので、様々な生き残りの手立てを考えなければいけません。

勤め人として生きる場合、お金を稼ぐ界隈はぜひとも南国ハワイにしたいものです。広告マンまたは商社マンとして十数年、私の見てきた限りにおいては南国ハワイの企業、もしくは南国に近しい企業は、本社ビルなど様々なところに、明らかにお金をかけています。福利厚生がじゃぶじゃぶになっているのも、南国ハワイのサインです。

これが北上し極寒の北極に至ると、福利厚生どころかリストラの吹雪が猛威を振るうことになります。

南国ハワイ企業は、一般的には政府の許認可が必要な電力、ガス、通信、放送などの「**規制産業**」や、確固たる技術や特許などを有している企業、揺るぎないブランドや真似することが難しい事業の基盤を持つ企業であることが多いです。

具体的な例を挙げると、一昔前はテレビ局は素晴らしい南国ハワイ企業でした。テレビ放送に不可欠な電波には限りがあるので、総務省の免許がないと電波を使った放送ができません。この有限資源の独占利用によって莫大な利潤を得ていました。

昨今は電波放送と同等か、それ以上の映像配信が可能になったインターネットの普及拡大、Netflix や YouTube、Amazon Prime Video などの映像配信プラットフォーマーの躍進、若者のテレビ離れでだいぶ気温が下がり、北極方面に近づきつつあります。同じ規制産業でいうと、携帯キャリア企業も同じ理屈で高利益率でした。

毎月数千円～1万円以上を携帯代に充てている人も一昔前までは大勢いました。しかし総務省による料金値下げ圧力や新規参入等で価格破壊が起き、利益率はだいぶ低下しているようです。このように有名大手企業であっても、いつまでも南国に居続けられる会社は稀のようです。

ミクロはマクロに勝てない

もともと国営だった企業も、だいたい物凄い独占権を持っているのですが、自由化や環境の変化などで経営難に陥っているケースも存在します。

もちろん、南国ハワイ企業は大手や有名企業に限らず存在しますので、それらを見つけ出すのも手です。

その際に肝に銘じるべき言葉が「**ミクロはマクロに勝てない**」です。

これはどんなに現場（ミクロ）で頑張っても、世の中全体の流れ（マクロ）に逆らっていると、満足いく結果は得られないという意味です。

「傘を売るなら雨の日の方が良い」と言いますが、この「天気」がマクロ環境で「傘を売る」のがミクロな人の営みです。

晴れの日に傘を売るような仕事をしている会社で働くのは大変です。そしてどの界隈で働くかによって、同じような仕事をしていても給料は大きく変わるということです。

未来を好転させるヒント㉕

会社には南国ハワイから極寒の北極まである。いくら頑張っても北極界隈では給料は増えない。

ナンバー1よりオンリー1を目指す

競争せずにハワイ企業へ

会社には南国ハワイから極寒の北極まで、様々な事業環境があるというお話をしました。そして、それは**個人の労働環境にも当てはまります。**

南国ハワイ企業で働くのが給料アップへの近道でしたが、そんな好条件を取り揃えた企業や業界は希望者も多く、競争率が高くなります。だから、正面から南国ハワイ企業に入るなら受験競争で周囲を蹴落とし、有名な大学を出て、就活戦争を勝ち抜くという、北極生活もびっくりの競争を経験しなければなりません。

かといって競争率の低い会社は給料が低いことが多く、その要因は往々にして極寒の北極寄りの事業環境で商売をしているためです。

自分に絶対の自信がある方や、他人と競争するのが大好きな方は、勇猛果敢に競争し南国企業への就職を勝ち取れば良いと思います。しかし、そうではない方は、**ナンバー1ではなく、オンリー1を目指す**方法があります。

競争せずに南国ハワイ企業に入るとしたら、この方法を除けばコネ入社くらいではないでしょうか。

ナンバー1がいるということは当然ナンバー2以下がおり、日々競争を強いられますが、しかし、オンリー1は**そもそもあなたしかいない**ので、誰とも戦う必要はない、ということです。

いきなりオンリー1の人材になるのは難しいので、意識して**「他の人にはない経験」**を積んでユニークなキャリアを積み上げていきます。ひとつの経験では足りずとも、いろいろな経験をかけ合わせ蓄積していくことで、あなたしか持っていない経験の組み合わせがないと遂行できない仕事が現れはじめ、高給を得られるかもしれません。

そこまでいかずとも、他人と違うというだけで希少価値は上がります。

ユニークなキャリアを積み上げるということは、人があまり選ばない選択肢を選ぶわけなので、**「逆張り人生」**とも言えます。盛者必衰（勢いのある者もいつか必ず衰える）という言葉もあるとおり、みんなが良いと思っている道がそのままいつまでも良いという保証など、どこにもありません。どんどん逆張りしましょう。

「楽しんでオンリー1」が最高の道

オンリー1を目指して逆張り人生を歩む場合は、**少しでも楽しめる仕事に就く**のが良いです。なぜなら、その界隈が南国ハワイの兆しを見せたとたん、ライバルが新規参入してきて、あなたはオンリー1ではなくなり競争に巻き込まれる可能性がありま す。

そのときまでにどれだけ先行者優位、つまり実力や実績を早い時期に蓄積できるかが勝負です。好きな仕事であれば、それだけのめりこんで先行者優位をとれているはずです。

何より働いていて楽しいのは「本当の幸い」への近道です。

なにも、世界でオンリー1をとれと言っているのではありません。

「**あなたが接している界隈における特定領域のオンリー1**」で良いのです。

この程度なら、アイデアと工夫次第です。他の界隈の人に仕事を頼むのは少々面倒だったり、探し出すのにコストがかかったりします。同じ界隈であれば、手近で済ませられるぶん優位性があります。そこにうまくはまれば良いのです。

最後に、僕の好きな漫画の名言をここに記載します。

犬の「スヌーピー」が登場することで有名な『ピーナッツ』という漫画の名言です。

「You play with the cards you're dealt …whatever that means.（どう転んだって、人は配られたカードで勝負するしかない。）」

未来を好転させるヒント㉖

ナンバー1よりオンリー1を目指す。手の届く界隈のオンリー1であれば知恵と工夫次第。

界隈性の連鎖は断ち切ろう

2つのルートのイイトコどり

本書の前半64ページで、「メキシコの漁師とMBAビジネスマン」という小話を紹介しました。界隈デザインの心得を身に付けた今、改めて考えてみてください。

アメリカの一流MBAビジネスマンがすすめるアメリカン・ドリームな「**億万長者ルート**」と、漁師の慎ましくも自然と共にある「**その日暮らしルート**」、どちらがあなたの性に合っていますか？　たいていの人は、どちらか一方ではなく、良いとこどりの道を希望するのではないでしょうか。

漁師のその日暮らしルートは、病気や事故といった「不測の事態」にめっぽう弱いのが欠点です。億万長者ルートは成功するかわからない点と、成功するまで大切な家族との時間など払う犠牲が多過ぎる点が気になります。

双方の欠点を克服する生き方は「**ホワイト企業の会社員**」や「**安定した公務員**」という生き方です。終身雇用制に守られそうそう解雇されることはなく、福利厚生も充実し、ほぼ定時に帰宅し家族で食卓が囲めます。

イイトコどりした日本という奇跡

人間は得を求めることより、損を避けるよう進化の過程でプログラムされている（41ページ）と述べました。終身雇用が約束されているなか、多くの日本人がサラリーマンや公務員を目指すのは当然です。

そこには億万長者のような成功は望めませんが、その日暮らしの将来への不安もありません。やがて、サラリーマン家庭で育った国民の比率はどんどん上がってゆき、今では「**親子三代勤め人**」という家庭も珍しくないでしょう。なにせ、現在日本で働いている人の約9割がサラリーマン（被雇用者）です。

これは日本全国、どこの界隈に行っても、**だいたいの界隈性が「サラリーマン志向」を共有する状態になっている**ことになります。読者の皆さんの多くも、お金を稼ごうと思ったとき「さあ、どんな事業を起こそうかな」とは思わず「さて、どこで働こうかな」と発想するはずです。

これが界隈が持つ常識の怖さです。

しかし残念ながら、前述した「終身雇用の安定感を前提とする幸福」は、すでに獲得が難しいものとなっています。終身雇用の権利を手にする人の数はどんどん減り、非正規雇用が増えるだけではなく、近年の日本企業では着々と**アメリカ型の人事制度への転換**が進んでいます。

簡単にいえば、これまでは従業員の採用前に業務内容や勤務地などを限定しないで雇用し、必要に応じて教育して業務を割り当てていく仕組みでしたが、現在は仕事内容に応じたスキル・経験を持つ従業員を、契約の範囲内で雇用する仕組みに変わりつつあります。

アメリカの仕組みが流入しているといっても、実は20世紀の大半はかの国も終身雇用が主流でした。家電のＲＣＡ、フィルムのコダック、自動車のゼネラルモーターズやクライスラーなどの製造業がアメリカ経済を担い、**大半の従業員を終身雇用してい**

たのです。

しかし1970年代あたりから新興国との競争に敗れはじめ、大量のリストラを実施します。そして、他にも要因はありますが、最終的に繁栄を謳歌したアメリカ企業は破綻していき、終身雇用という制度も衰退していきました。

その、アメリカの終身雇用を終わらせた新興国のひとつが、実は日本なのです。

今度はその我が国が製造業で台湾・中国・韓国に敗れ、復活したアメリカに情報産業で席巻され、終身雇用を維持できなくなってきたというわけです。

かみ合わない日本の現状と界隈性

界隈の影響は、こうした状況にお構いなしに作用します。そう、本書で何度も述べてきたように、自分の育った界隈にいた大人——多くの場合は両親の背中を見て、人は「**自分もあんなふうに生きるんだろうな**」「**あんな大人になるんだろうな**」と感じるものです。ところが現代の日本は発展途上ならぬ「衰退途上国」です。「あんなふうに生きる」「あんな大人になる」ためには、親世代とは比べ物にならない努力と運が必要になってくるのです。

インターネット上で一時期話題になった小話があります。

1992年に放映が開始された国民的アニメ「クレヨンしんちゃん」は、一般家庭として主人公・野原しんのすけの家を描いていますが、日本が衰退を始めた現在では、**「一部の上級国民にしか許されない暮らしぶり」**だというのです。

たしかに、冷静に主人公の父・野原ひろしの生活水準を考えてみると、「都心まで1時間足らずの埼玉県春日部市に庭付き一戸建てを持ち、専業主婦のみさえ、長男のしんのすけ、長女のひまわり、ペットのシロを養っている」というもの。

1992年当時からしても、平均年収以上の暮らしぶりと推定されますが、さらに日本の年収水準は下がり、増税や社会保障負担増加もあいまって、とても一般家庭とはいえなくなっています。このように、歴史あるフィクションの世界に、親世代の幸せが投影されていることも、界隈性の継承を強固にしているのかもしれません。

といっても、親世代が悪いのではなく、もちろん私たちの世代もその子どもの世代に界隈性を受け継がせます。たまたま日本の成長と衰退のサイクルに**「不幸な不一致」**

を見せただけで、誰のせいというわけでもありません。

とはいえ問題は目の前にあるのですから、私たちはそれを宿命として受け入れ、対処しなければなりません。

幸せの器をアップデートせよ

親世代の「普通の幸せ」が、すでに「贅沢な夢」になっているということ。

これを「自分は運がない」「恨めしい」と感じたとしたら、それは未だにあなたが昭和日本の家庭観に憧れを抱いていることにほかなりません。それを幸せとする界隈で生まれ育ち、その界隈性を受け継いでいるのだから、無理もありません。

ここからが問題で、なお憧れの家庭観を追い求めるのであれば、それを良しとする界隈に引き続き漬かりながら、たゆまぬ努力をするしかありません。

しかし、その実現を諦めるのであれば、今まとっている界隈性を、**幸せの原風景ごとかなぐり捨てる**覚悟が必要です。決して手に入らないものを求めさせられ続ける人生は、ないものねだりが続く「無限地獄」にほかならないからです。

そこで、新しい幸せの姿を見せてくれる界隈を探しに行く必要があります。

新しい、「本当の幸い」を望むのであれば、幸福像を上書きしなければなりません。家庭観・仕事観・恋愛観……あらゆる「〇〇観」、生き方全般に関わる話です。

この場合、上書きしたい、消し去りたい界隈性の体現者である身近な大人、職場の上司や親世代なんかは、もちろん参考になりません。日本が衰退期に入る前に成功を手にした人たちです。

手っ取り早く新しい価値観を取り入れたいなら、ドラマや映画、読み物といったフィクションを参考にするのがひとつの方法です。

というのも、さきほどから問題にしている昭和世代の幸せな家庭観は、1960年代、まだまだ日本が貧しかった時代に、アメリカのテレビドラマ「奥さまは魔女」などの**ホームドラマに影響された**という説があるのです。

そこで描かれる、テレビ・冷蔵庫・洗濯機の「三種の神器」に自家用車を備えた豊かな家庭生活への憧れが、高度成長の一助となった……というわけです。

普段よく接するメディアや情報源に大きな影響を受けるのは前述のとおりです。

それを逆手にとって、新しい価値観で描かれたフィクションに親しむわけです。

そこで参考になるのが、ここまで述べてきた「日本はアメリカの後を追う」という現象です。すなわち、**時代の先を行くアメリカの最新ドラマなどの創作物の中に、新しい幸せを見出すことができる**かもしれません。

Amazon Prime VideoやNetflixでは日々新たな海外ドラマが公開されています。チェックしてみて、楽しめる作品に出会えればラッキーです。**新しい社会の仕組みを前提とした幸福像に親しみ、上書きする**のです。

そして、そのドラマの会話で盛り上がり、共感できる人が見つかればしめたもの。仲良くなり、新たな価値観を共有し合うことで、新たな界隈と界隈性を育てていくことができます。

未来を好転させるヒント 27

界隈性の世代継承は不幸を生む原因にもなる。
新世代の界隈の創作物に親しみ人生観を上書きしよう。

最終章

それでも今の居場所でいいですか？

「人工の天国」がたどった驚きの末路

すべてが揃った〝宇宙〟

本書のしめくくりに、アメリカで行われた**ある実験**のことを解説させてください。ここまで扱ってきた界隈の特性と、とても関連があると思われるからです。

その実験の名は「ユニバース25実験」。

扱った論文の正式名称は「Death Squared, The Explosive Growth and Demise of a Mouse Population.（『死の2乗　マウス個体群の爆発的な成長と消滅』）」といって、1968〜1972年に、動物行動学者ジョン・B・カルフーンが実験しました。

まず、天敵も、病気も、天災も、命を脅かすものは何ひとつとしてない、常に十分な水や食料が供給され続け、定期的に清掃も入る、**天国のような実験装置「ユニバー**

ス25」を用意します。

そして、そこにネズミを放ち、どのように数を増やし、どんな社会行動を見せるかを観察したのです。

「ユニバース」とは、つまり宇宙のことです。この実験装置は一辺が2・57メートルの正方形で、高さは1・37メートルあったそうです。

この宇宙のアダムとイブともいえるオス・メス4組計8匹が放たれてから、最初に子ネズミが生まれるまでは環境の適応に104日かかりました。

論文ではこの期間を「フェーズA」と呼

んでいます。

ネズミの国のベビーブーム

フェーズAの後、ベビーブームといえる時代が到来します。「ネズミ算式」の言葉のとおり、平均55日ごとにネズミ人口は倍になっていきました。

安全で清潔な社会、無尽蔵の資源を背景に、この倍加は繰り返されて315日目には620匹までネズミ人口は急拡大しました。この段階は「**フェーズB**」と名付けられました。

面白いことに、実験装置内の設備環境はおおよそ均一だったのにもかかわらず、エリアによって出生率に大きな差が生まれたそうです。あるエリアでは、フェーズBの期間中に111匹ものネズミが生まれましたが、13匹しか生まれないエリアもありました。さながら都市部と地方のようです。

その後、倍加にかかる日数は55日から145日と2倍以上の日数となり、増加率は鈍くなっていきます。この期間を「**フェーズC**」と呼び、245日続きます。

なぜ成長は鈍化してしまったのか？　背景には以下のような説明があります。

「ユニバース25」に限らず、自然の生態系であっても、死亡する大人より、新たに生まれ育つ数の方が多くなります。そうでないとその種は減少し、絶滅するからです。

数が増えると、今の社会で居場所を見つけられず、余ってしまう若者が生まれます。彼らは通常、**他の場所に移住していきます。**こうしてその種は生息地を広げていくわけです。

人間社会でいえば家を継ぐのは長男だけで、弟たちは新天地を求めて家を出てゆくような話です。

ところが、「ユニバース25」内においては、文字どおりここが宇宙なのであって、**移住は叶いません。**成体となったネズミはすべてここにとどまります。外敵も病気も天災もないなか、先輩ネズミたちもなかなか死なず、膨大な数のネズミが次々と成人してゆきます。

すると、今度は**限られた社会での居場所を巡る競争が激化**していきます。

競争に敗れたネズミたちはどうなるかというと、精神的にも肉体的にも引きこもりとなってしまい、群れからは相手にされなくなります。オスは攻撃性を増し、のけもの同士で小競り合いを起こすようになります。メスは攻撃性を増すことはないものの、勝ち組の子持ちのメスが好まない、高いところに引きこもってしまいます。

やがて、生涯を通じて子孫を残さないネズミが出はじめます。フェーズBのネズミが日本でいう団塊の世代だとすれば、フェーズCはさながらバブル崩壊後の氷河期世代とでもいいましょうか。

ここからいよいよ「ユニバース25」の**社会の歯車が狂いはじめます。**

この子孫を残さないネズミたちがちょこちょこと妻子持ちのオスの縄張りを侵し始めます。妻子持ちのオスに過剰なストレスがかかり、結果、縄張りを維持することが難しくなっていきます。

侵入に晒された子育て中のメスにも非常に大きなストレスがかかります。そしてその攻撃性が激化し、しまいには自分の子どもを攻撃したり、育児放棄したり、離乳前の子ネズミを巣から追い出したりするようになります。

結果、受胎率は低下し、胎児の死亡率、離乳前の死亡率が上昇し、ネズミの数の増加は急速に鈍化したのでした。

滅亡へのカウントダウン

フェーズはいよいよ「**死のフェーズD**」に進みます。

出生率の低下はますます進み、老衰での死亡率は上昇、ついにネズミ人口は減少に転じていきます。ネズミ版「超少子高齢人口減少社会」の到来です。

この頃になると、攻撃性を増したのけものネズミとはまた違う種類のネズミが登場します。

それは「**食う**」「**飲む**」「**寝る**」「**毛繕いする**」**以外の一切の行動をしないネズミ**です。健康的な生活で、喧嘩や争いをまったくせず、毛繕いには余念がないのでその毛並みは美しく、「**ビューティフル・ワン**」というコードネームを与えられます。

さながら日本でいうさとり世代のようです。

最終的には、子孫が残せるネズミたちは老いて生殖不能となり、このビューティフル・ワンだけが最後の世代として残りました。当然、子どもは残しませんので、「ユニバース25」内のネズミ社会は自然消滅（絶滅）を迎えます。

3840匹を収納できるよう設計された「ユニバース25」のネズミたちは、天敵や災害、病気から守られた天国だったのにもかかわらず、2200匹をピークに減少に転じ、**やがて絶滅してしまいました。**

3840匹という最大容量が設計ミスで、実際の限界は2200匹だった可能性もあります。しかしその場合でも、2200匹付近でネズミ人口は維持されるはずで、自然に絶滅してしまったのは不可解です。

次項で、そのワケと、私たちの生き方にどう関連するのかを見ていきます。

未来を好転させるヒント 28

完全無欠の天国で飼育されたネズミたちだったが、自然に数を減らしはじめ勝手に絶滅してしまった。

自分の周りが「宇宙のすべて」ではない

カルフーン博士の結論

カルフーン博士は実験結果を受けて、このように結論づけました。

「死亡率が極端に低くなり、個体数が増加し、利用可能な空間がすべて埋まり社会的役割も満席になると、それらを巡る競争が激化する。結果、異常行動が生まれ、子育ての機能不全が生じ、個体数が減少、最終的に種の終焉を迎える」

そして、人間のような複雑な動物にも同様の事象が起きない理由はないとし、都市化と人口増加が進む人類社会がたどるかもしれない陰鬱な未来に警鐘を鳴らしました。

さて、実験自体の評価はアカデミックな界隈に任せるとして、私はこの「ユニバース25」と、超少子高齢人口減少化社会に突入している日本を重ね合わせました。

そして、「本当の幸い」を見つける、という本書の目的の答えのひとつを見たように思えたのです。

まず登場したネズミたちを整理しますと、通常の生殖行動をしているネズミはもちろん、最後の世代のビューティフル・ワンたちは、**本人たちが幸せなら特に問題ない**でしょう。

問題は、フェーズC以降に発生した、たくさんの**のけものネズミたち**です。彼らは間違いなく幸せではないですし、問題行動を起こして正常なネズミの幸福度を下げ、社会不安を招いています。

このネズミたちの不幸の核心は、181ページで述べたように、自然界であれば彼らは**移住することによって新天地で居場所を見つけるはずだった**ことです。本書でいう、「今に悪い、将来に悪い界隈」から、新たな界隈に移ることによって幸せを手に入れるはずだったのです。

生きづらい界隈から出て新天地を求めるというのは、まさに自然の摂理であり恥ずべきことでもなんでもありません。

ところが、「ユニバース25」はこの実験空間がネズミたちの全宇宙であり、界隈を脱出するという選択肢を持てなかったのです。

脱出できない界隈なんてない

ひるがえって、私たちの環境を考えれば、「ユニバース25」と違って、脱出できない界隈などありません。また脱出が難しいとしても、別の界隈をかけ持つことで満足感を得ることが可能です。

しかし、追い詰められた人特有の心理ですが、**自分が辛い思いをしている界隈が、それこそ宇宙のすべてのように錯覚してしまう**のです。直接関わるような世代や場所には居合わせませんでしたが、私が所属してきた界隈では、何人かの不幸な自殺者を出しています。

死ぬほど辛い界隈や、どうやっても居場所が見つからない界隈、そしてそこからは決して抜け出せないという誤解はもはや害悪です。日本人の自殺者数を見ると、害悪に満ちた界隈性が、そこかしこに口を開けていることがわかります。

本書をここまで読み進めてこられた読者の皆さまにおかれては、**逃げられない界隈**

なんてないということを、ぜひとも覚えておいてください。
私たちは、残酷な箱庭に閉じ込められた実験動物ではないはずです。
いつでも、好きなときに好きな界隈へ出ていって良いのです。

日本は素晴らしい国です。基本的人権は保障され、乳幼児死亡率も世界最低水準で、一度生まれさえすれば、成人できる可能性が世界でいちばん高い国のひとつです。そしてその後の死亡率もとても低く、世界一の長寿社会です。治安も世界一といって良いほど良好で、秩序ある社会が成立しています。思えば、これらは「ユニバース25」の実験環境にも似た環境と言えます。

ここ30年以上経済が停滞し、全く成長しない点も、固定空間として決してスペースが拡張しない「ユニバース25」を彷彿とさせます。日本が「ユニバース25」と近い性質を持っているのであれば、私たちは「日本から脱出する」か、日本という国の「界隈」を拡張しなければなりません。

日本脱出は実はすでに進んでおり、現在、日本人の海外永住者は55万7000人と過去最高記録を更新しています。

もちろん、誰もが海外に住めるわけではありませんし、**物理的に海外に移住するだけが界隈の脱出手段ではありません。**

現代の高度情報化社会において、私たちはオンラインでも別の界隈に出ていくことができます。この傾向はweb3やメタバースなどが盛り上がるなか、ますます進むでしょう。日本に居ながら海外市場でビジネスができますし、友達もつくれる時代です。

そしてその結果、日本人の界隈は物理的な制約を超え、外へ外へと広がっていることでしょう。

未来を好転させるヒント㉙

のけもののネズミたちは界隈を脱出するのが自然の摂理。その気になれば日本という界隈だってもっと広げられる。

おわりに

私たちは、同じ界隈にずっといることを好みます。

気心の知れた仲間たちと価値観を共有し、共通の常識を持って、周囲に失礼を働き嫌われる不安もなく、あまり物事を考えずに半分自動化した生活をして生きていけるからです。

その一方で狭い界隈で似たような人たちが、敵だ味方だと騒いでいるのをよく見かけます。狭苦しい界隈で生きづらそうにしている人を見つけることも少なくありません。私たちはまるでそこが全宇宙、世界のすべてだと思い込み、宇宙の1兆分の1にも満たない界隈の片隅で起きた出来事に打ちひしがれます。

しかし、今あなたはこの本を読んでいます。

どれほどこの本があなたの心に響いているのかは想像するしかありません。私の力不足からこの本はあなたの人生の転機、界隈の拡張にはつながらないかもしれません。

しかしそれでも、私の読者の皆さまへのお願いごとはただひとつです。

「界限を捨てよ、界限へ出よう」です。

日本でも有名な聖書の一節があります。

「童《わらべ》のときは語ることも童のごとく、思うことも童のごとく、論ずることも童のごとくなりしが、人となりては童のことを捨てたり」

私たちはいろいろな界限に触れ、様々な経験をしながら大人になりました。なかには知りたくなかったこと、経験したくなかったこともたくさんあるでしょう。そうやって界限を学び、界限を広げてきました。小さく狭い界限しか知らなかった頃と今とでは、見えている世界は全く違うことでしょう。

しかしいつしか私たちは界限を変えることに恐怖し、今の界限に我慢し、界限の生きづらさを耐え忍ぶようになってしまいました。

私は生きることとは界限を広げ続け、界限を変え続けることだと信じています。界限が広がらず、界限から出られないときに何が起きるか、私たちはネズミの国の実験から想像することができます。であるなら、界限を広げ、界限の外に出たその先にしか、あなたや私や、私たちの次の世代の本当の幸せは存在しないのです。

〈著者略歴〉

蓮村 俊彰（はすむら・としあき）

住友商事株式会社 デジタル戦略推進部 部長代理、東北大学大学院情報科学研究科客員准教授。大阪キリスト教短期大学客員教授、OCC 教育テック総合研究所上級研究員。

2008 年慶應義塾大学を卒業後、電通に入社。2016 年、三菱地所、電通国際情報サービスとの共同事業として FinTech 産業拠点 The FinTech Center of Tokyo「FINOLAB」を設立。2019 年に住友商事に転職、HAX Tokyo や Quantum Transformation (QX) Project の立上・事業開発を推進。一貫して新産業創出に繋がるエコシステム構築に従事。学生時代はプロカメラマンとして数十ヵ国を取材。様々な界隈に出入りし堪能してきた「界隈ソムリエ」として、初の著書である本書にて「界隈性デザイン」を提唱。

それでも今の居場所でいいですか？

2023 年 7 月 12 日 第 1 刷発行

著 者――蓮村 俊彰
発行者――徳留 慶太郎
発行所――株式会社すばる舎
〒 170-0013 東京都豊島区東池袋 3-9-7 東池袋織本ビル
TEL 03-3981-8651（代表） 03-3981-0767（営業部）
FAX 03-3981-8638
URL https://www.subarusya.jp/

プロデュース―永松 茂久
装 丁――西垂水 敦・市川 さつき（krran）
カバーイラスト―うてのての
本文デザイン―斎藤 充（クロロス）
図 版――米川 恵
校 正――有限会社ペーパーハウス
印 刷――ベクトル印刷株式会社

ISBN 978-4-7991-1147-5